JN085813

ズルいほど簡単
ほめられおかず

倉嶋里菜

はじめに

こんにちは、料理研究家の倉嶋里菜と申します。

今日のごはんのヒントにしてもらえたり、これならできそう！ とやる気をだしてもらえたりするような、誰かの何か役に立てたら…！ という思いから、「冷蔵庫にあるもんで。特別ではないけど喜ばれる！ ほめられレシピ・簡単節約ごはん」をテーマに日々レシピを作っています。

食べることは、生きること（急…！）。私たちの体は食べたものでできています。忙しい日々の中、自分のために、家族のために、毎日ごはんを作り続けることはとてもすごいことだと思います。今日のごはんは何にしよう？ 昨日アレやったしコレ余ってるし特売のお肉もあったなあ…とか、私も四六時中考えてます（仕事せぇ）。なんならごはん食べなが

らごはんのこと考えてます（それはただの食いしん坊）。

今日も1日頑張って疲労困憊…、ごはん作りたくない…、考えるのも嫌…、やる気家出中…などなど。私のレシピは、そんな困っているすべての人へ贈るレシピたちです。

この本には、今の私のベストレシピを集めました。数あるレシピから厳選。そこら辺のごく普通の食材を使って、パパッと簡単にできるのに栄養満点。明日もコレがいい！ また食べたい！ と言ってもらえる自慢のほめられレシピです。温かいごはんでホッとする時間を過ごし、おいしいごはんと家族の笑顔が、明日へのパワーや癒しになれば嬉しいです。

心をこめて。

倉嶋里菜

時短! 簡単! ヘルシー!

〔 rina流 ほめられおかずのポイント7 〕

忙しいとき、へとへとのとき、やる気のないときでも
大丈夫。冷蔵庫にある食材でラクに作れ、家族に
ほめられるほどおいしくできるコツをまとめました。

POINT 1

ワンパン、レンチンで
ラクラク作れる!

日々の料理にはフライパンや
レンジをフル活用。ワンパン調
理は手軽で多彩な料理がスピー
ディーに作れるのが魅力。レン
ジは、チャーシューなどのご
ちそうおかずや麺、本格スイー
ツまで、チンするだけでおいし
く作れ、片づけも簡単なのが
最高!

> レンジまかせで
> ラクチン!

> ワンパンでチャチャッと完成!

> 手を汚さないで
> できる!

POINT 2

ポリ袋を活用して
時短!
洗いものも激減!

揚げものなど食材に粉をまぶ
すときは、ポリ袋に食材と粉を
入れ、空気を入れて口を持ち、
パフパフふれば均一にまぶせ
て手も汚れません。ハンバー
グなどの肉だね作りも、ポリ袋
で混ぜれば手がべたつかず、
ボウルなどの洗いものもぐん
と減って時短に。

シュウマイは皮をかぶせるだけ！

手でちぎればOK！包丁もまな板も不要！

3

包まない、揚げない、包丁を使わないetc.
時短テク満載！

シュウマイは肉だねを皮で包まずかぶせるだけ、後片づけが面倒な揚げものは揚げ焼きに、食材はキッチンばさみでカットし、フライパンやポリ袋にダイレクトに投入…など、下ごしらえの手間や洗いものが減らせる時短ワザを、本書の随所で紹介しています。

ちょっと多めの油で揚げ焼きに

POINT

4

油カット＆野菜でかさ増しして
ヘルシーに！

揚げものを揚げ焼きにすれば、片づけがラクなだけでなく、油カット＆カロリーオフに。メンチカツのたねには肉より多い量の野菜を混ぜ、食べごたえを損なわず、ヘルシーに仕上げています。簡単で体にいい朝ごはん＆夜遅ごはん（P54）もぜひお試しを。

POINT 5

コールドスタート調理で
失敗なし! ラク!

私のレシピはフライパンに油を引いて食材を並べてから火にかける、コールドスタートが基本。料理ビギナーでも慌てずに調理でき、食材をじわじわ加熱することで肉や魚が柔らかに。揚げものも油ハネが少ないのでキッチンの掃除の手間も省けます。

POINT 6

合わせ調味料使いで
時短&おいしく!

数種の調味料を加える際、春雨にまんべんなく吸わせたい場合などは混ぜ合わせてから投入。料理初心者なら、どのレシピも混ぜてから加えるのもおすすめです。焦らず調理できて味がすぐ決まり、調味料がよく混ざっているのでおいしくできます。

混ぜてジャッと加える
だけで味が決まる!

POINT 7

盛りつけを工夫して
見栄えUP

味と彩りのバランスを考えて、赤や緑、黄色、白などの食材を取り合わせます。盛りつけにもひと工夫。中心をこんもりと高く盛ったり、ハーブや薬味をトッピングしたり。立体感を出すように意識すると、見栄えよく仕上がり、家族にほめられる一品に。

彩りよく&
高さを出して

CONTENTS

[**マークについて**]

使用する調理器具を表しています。「フライパン」
「ポリ袋」「電子レンジ」「トースター」「ボウル」
「鍋」「保存容器」「炊飯器」「オーブンレンジ」
があり、2つの器具を使用するレシピもあります。

[**この本の使い方**]

・材料に記した分量は、小さじ1＝5㎖、大さじ1＝15㎖、1カ
ップ＝200㎖、1合＝180㎖です。1㎖＝1ccです。
・電子レンジの加熱時間は、600Wのものを基準にした目安
です。500Wなら1.2倍、700Wなら0.9倍の時間で加減し
てください。
・オーブン、オーブントースターの温度や加熱時間は目安で
す。機種によって多少違いがありますので、様子を見ながら
調節してください。
・調理時間、保存期間は目安です。
・カロリー、糖質、塩分は1人分の数値です。
・料理に添えた野菜やトッピングなどで、レシピに記載してい
ないものは、好みのものをお使いください。

PART4
へとへとでも作れる！
ラクチンワンディッシュ

PART1

みんなが好きな ほめられおかず BEST10

から揚げ、ハンバーグ、シュウマイ、
ナポリタン、ドリア…など、
私のインスタグラムやブログで
大好評のおかずの中でも
とくに人気の高いレシピを
選りすぐって紹介します。
どれもホントに簡単でボリューミー。
わが家でもリクエストの多いおかずばかりです。

煮込まず、ジャッと炒め合わせるだけでめちゃうま!

なすトマミート

フライパン

材料（2人分） 🕐 **10 min**

合いびき肉…300g
なす…1本（一口大の乱切り）
トマト…1個（または小2個/くし形切り）
オリーブ油…大さじ1
A | 砂糖・酒・ウスターソース…各大さじ1
　 | トマトケチャップ…大さじ2
　 | 顆粒コンソメスープの素…小さじ½
　 | しょうゆ・みそ…各小さじ1
　 | ナツメグ…少々
塩・こしょう…各少々
片栗粉…大さじ1
水…大さじ2
ピザ用チーズ…適量

作り方

1 フライパンに油を引き、ひき肉となすを入れて中火にかける。なすがしんなりしてひき肉に焼き色がついたら裏返し、トマトと A を加えて炒め合わせる。

2 トマトがとろっとしたら塩、こしょうで味を調え、水で溶いた片栗粉でとろみをつける。

3 チーズをたっぷり加え、ふたをして火を止め、余熱で溶かす。好みでパセリのみじん切り、粗びき黒こしょう各適量をふる。

ひき肉はパックからフライパンにバカッと投入。触らずに焼きつけることでうまみを閉じ込め、ジューシーな仕上がりに。

ひき肉を裏返したら、細かくほぐさず、かたまりを残して存在感を出すのがポイント。

鶏むね肉の
白だしから揚げ

材料（2人分）　🕐 **20 min** ※漬ける時間を除く。

鶏むね肉…1枚（350g／一口大のそぎ切り）
A｜白だし…大さじ2
　｜酒…大さじ1
　｜砂糖…小さじ2
　｜塩…小さじ¼
　｜しょうが…1片（すりおろす）
薄力粉…大さじ3
片栗粉…大さじ3〜4
サラダ油…大さじ5〜

作り方

1　ポリ袋に鶏肉と **A** を入れてもみ込み、30分以上漬ける（急ぐときは10分でもOK）。

2　鶏肉の汁気をきって別のポリ袋に移し、薄力粉、片栗粉の順に入れ、そのつど、空気を入れて口を持ち、袋をふって粉をしっかりまぶす。

3　フライパンに油を入れて **2** の鶏肉を皮目から入れ、中火にかけて揚げ焼きにする。両面がこんがり焼けたら油をきる。

むね肉は繊維の向きに沿って3つに切り分け、それぞれ繊維を断つようにそぎ切りにすると、しっとり、柔らかに仕上がります。

ザクザクジューシーなのにあっさりで無限にいける

包まない＆
レンチン一発でできる
超時短シュウマイです

具だくさん
シュウマイ

材料（2人分）　⏱ **20 min**

豚ひき肉…200g
玉ねぎ…½個（粗みじん切り）
キャベツ…大2枚（1枚は粗みじん切り、もう1枚はざく切りにする）
A｜片栗粉…大さじ2
　｜酒…大さじ1
　｜しょうゆ・ごま油…各小さじ2
　｜しょうが（すりおろしたもの）…小さじ1
　｜こしょう…少々
シュウマイの皮（ワンタンの皮でもよい）…10枚
酒…大さじ1

作り方

1 ポリ袋に粗みじん切りにした野菜、ひき肉、A を入れてもみ混ぜる。

2 耐熱皿（直径約24cm/そのまま食卓に出せるものを使用）にざく切りにしたキャベツを敷き、10等分にして丸めた肉だねを並べる。

3 シュウマイの皮を水にくぐらせ、肉だねにかぶせる。酒を回しかけ、ふんわりとラップをかけて600Wの電子レンジで6分加熱する。

> **Point**
> 顆粒鶏ガラスープの素、砂糖各小さじ½、
> しょうが（すりおろしたもの）小さじ1、ごま油小さじ2を混ぜた、
> しょうがだれをトッピングするのがおすすめ。
> ポン酢しょうゆ、練り辛子などを添えても。

シュウマイの皮を水にくぐらせて肉だねを覆うだけ。包まないから簡単！

玉ねぎソースの
チーズハンバーグステーキ

材料（2人分）　🕐 **15 min**

玉ねぎ…1個（粗みじん切り）
A | 合いびき肉…200g
　　| 卵…1個
　　| 片栗粉…大さじ2
　　| 塩…小さじ¼
　　| 砂糖…小さじ1
　　| こしょう・ナツメグ
　　　…各少々
サラダ油…小さじ1
B | にんにく
　　　…1片 （すりおろす）
　　| 砂糖…大さじ1
　　| みりん・酒…各大さじ2
　　| しょうゆ…大さじ1と½
バター…10g
ピザ用チーズ…30g

作り方

1 ポリ袋に **A** と玉ねぎ半量を入れてよくもみ混ぜる。4等分にして楕円形に整え、油を引いたフライパンに並べる。

2 中火にかけて3分ほど焼いたら裏返し、**B** と残りの玉ねぎを加える。ふつふつとしたらふたをし、弱火にして4分ほど加熱する。

3 火を止め、バターをからめてチーズをのせ、再びふたをして1〜2分おく。チーズが溶けたら完成。好みで黒こしょう、小ねぎの小口切り各適量をふり、練りわさび少々を添える。

Point
玉ねぎソースは、チキンソテー、魚のムニエル、焼いた厚揚げのソースにも◎。

絶品ソースをからめたハンバーグが最高！ご飯にワンバンで！

仕上げに卵を勢いよく
ガーッと混ぜて!

エッグナポリタン

材料（1人分） ⏱ **10 min**

スパゲッティ（1.6mm/
　ゆで時間7分のもの）…100g
A | 玉ねぎ…¼個（薄切り）
　| ウインナーソーセージ
　| 　…2本（斜めに切る）
　| 顆粒コンソメスープの素
　| 　…一つまみ
　| ウスターソース…小さじ1
　| トマトケチャップ…大さじ2
　| バター…5g
　| 水…250㎖
B | マヨネーズ…大さじ1
　| 卵…1個

作り方

1 スパゲッティを半分に折って耐熱容器（容量
　1100㎖）に入れ、A を加える。

2 ラップをかけずに600Wの電子レンジで9分
　（スパゲッティのゆで時間＋2分）加熱する。

Point
麺同士がくっつきやすいので、
半分くらい加熱したところでいったん取り出し、
麺をほぐすように混ぜてください。

3 取り出してスパゲッティをほぐし混ぜ、B を加
　えて勢いよく混ぜる。好みでパセリのみじん切
　り、黒こしょう、粉チーズ各適量をふる。

耐熱容器にスパゲッティと
具材、水を入れてレンチン。
麺を別ゆでしないからラク
チンです!

てりマヨ鶏つくね

ポリ袋　フライパン

材料（2人分） ⏱ 15 min

A | 鶏ひき肉…250g
玉ねぎ…½個（みじん切り）
片栗粉…大さじ2
顆粒鶏ガラスープの素
　…小さじ½
砂糖・しょうがチューブ
　…各小さじ1
酒…小さじ2

ごま油…小さじ2
B | 砂糖・みりん・酒
　…各大さじ1
しょうゆ…大さじ1と½
マヨネーズ…適量

作り方

1　ポリ袋に A を入れ、もみ混ぜる。

2　フライパンに油を引き、1 を一口大に丸め、中央をへこませて並べる。弱めの中火にかけ、2分ほど焼いてこんがりしたら裏返し、さらに2分焼く。

3　両面が焼けたら B を加えて煮からめる。器に盛ってマヨネーズをのせる。好みで青じそのせん切りや七味唐辛子適量をトッピングする。

仕上げに、くぼみの「マヨポケット」にマヨイン！

レンジに丸投げで
めちゃくちゃ簡単!!

うまみそチャーシュー

電子レンジ

材料（作りやすい分量） ⏱ **20 min**

豚肩ロース塊肉…300〜350g
A｜みそ・はちみつ・酒
　　…各大さじ2
　｜みりん・しょうゆ
　　…各大さじ1
　｜しょうがチューブ・
　　にんにくチューブ
　　…各小さじ1
　｜豆板醤…小さじ½

作り方

1 豚肉は全面をフォークで刺し、混ぜ合わせた A
　をすり込む。

2 耐熱容器に 1 を入れてラップをかけ、600Wの
　電子レンジで7分加熱する。肉を裏返し、再び
　ラップをかけて4分加熱する。びっちりとラップ
　をかけたまま、冷めるまでおく。食べるときにチ
　ャーシューを温め直し、切り分けて器に盛る。

Point
軽くあぶるのも最高です。
トマトやレタス、白髪ねぎなどお好みで添えて。
ほかほかご飯やラーメンのご用意もお忘れなく!

短時間の加熱で味がなじむ
よう、豚肉にフォークをグ
ッサグサ刺して穴をあけま
す。側面や、肉の中心まで、
ガシガシと!

ズボラなのにお店級!!
具材&ソース作りは
ワンパンで一気に!

えびときのこのクリームドリア

材料（2人分）　⏱ **25 min**

むきえび
　…200g（背わたがあれば取る）
A ┌ 玉ねぎ…½個（薄切り）
　　│ しめじ…½パック
　　│ 　（100g/石づきを取ってほぐす）
　　│ マッシュルームの水煮
　　│ 　（スライスしたもの）
　　│ 　…1缶（75g/缶汁をきる）
　　└ にんにく…1片（粗みじん切り）
オリーブ油…大さじ2

B ┌ 薄力粉…大さじ2
　　│ 顆粒コンソメスープの素・
　　│ 　砂糖・しょうゆ
　　│ 　…各小さじ1
　　│ 塩…小さじ¼
　　└ こしょう…少々
牛乳…200㎖
塩・こしょう…各適量
ご飯…2人分
バター…適量
ピザ用チーズ…60g〜

作り方

1 フライパンに油を引き、**A**、えびを入れて中火で3分ほど炒める。**B** を加えて粉気がなくなるまで炒め、弱火にして牛乳を少しずつ加え混ぜ、なじませる。とろみがつくまで3分ほど煮て、味をみて塩、こしょうで調える。

2 耐熱皿にバターを混ぜたご飯、**1**、チーズの順に重ね、1000Wのオーブントースターで10分ほどこんがりと焼く。

はんぺんボールの なんちゃってえびチリ

材料（2人分） ⏱ 15 min

はんぺん…1枚
　（約100g／ざっくりとちぎる）
かに風味かまぼこ
　…6本（裂く）
A　片栗粉…大さじ2
　　マヨネーズ…小さじ1
　　塩・こしょう…各少々
ごま油…大さじ2
玉ねぎ…½個（粗みじん切り）

B　砂糖・酒…各大さじ1
　　トマトケチャップ…大さじ2
　　顆粒鶏ガラスープの素
　　　…小さじ½
　　しょうゆ・にんにくチューブ・
　　　しょうがチューブ
　　　…各小さじ1
　　豆板醤…小さじ1〜

作り方

1 ポリ袋にはんぺん、かにかま、A を入れてもみ混ぜる。6等分にして丸め、油を入れたフライパンで弱めの中火で焼く。B は混ぜ合わせておく。

2 1のはんぺんボールを裏返し、端で玉ねぎを炒める。玉ねぎがしんなりし、はんぺんボールの両面がこんがり焼けたら、B を加えてからめる。好みで小ねぎの小口切り、糸唐辛子各適量をトッピングする。

はんぺんとかにかまで
作るから食べごたえ満点。
手軽で財布にもやさしい

簡単なのに
なーんかオシャレで
大好きなおかずです

ささみのレモンマスタード

フライパン

材料（2人分） ⏱ **20 min**

ささみ…6本（約350g）
A｜酒…大さじ1
　｜砂糖…小さじ1
　｜塩・こしょう…各少々
片栗粉…大さじ2
オリーブ油…大さじ1

B｜粒マスタード…大さじ1
　｜牛乳・マヨネーズ
　｜　…各大さじ2
　｜砂糖・レモン汁・
　｜にんにくチューブ
　｜　…各小さじ1
　｜塩・こしょう…各少々

作り方

1 ささみはキッチンばさみで筋を切り取り、A を
もみ込む。

2 1 に片栗粉まぶし、油を引いたフライパンに並
べ、弱めの中火で4分焼く。裏返して3分ほどこ
んがりと焼く。

3 B を加えて煮からめる。好みでイタリアンパセ
リやスライスしたレモンなどを添えても。

PART2

簡単！ 時短！ 大満足の メインおかず

鶏肉、豚肉、ひき肉、魚介、大豆製品、卵…など
素材別にメインおかずを集めました。
ワンパンやレンチンなど短時間で作れるレシピが盛りだくさん。
私のSNSで反響の大きい、
鶏むね肉や豚こまを使ったおかずもパッと探せて便利です。

お財布にやさしくて見栄えもボリューム感も◎の
鶏肉レシピを、部位別に紹介します。

照り焼きエグチ

材料（2人分）　⏱ **15** min

鶏もも肉…1枚（一口大に切る）
A | 塩・こしょう…各少々
　　| 片栗粉…大さじ1
卵…2個
砂糖・マヨネーズ…各小さじ2
玉ねぎ…½個（薄切り）
サラダ油…大さじ1
B | 砂糖・酒・しょうゆ…各大さじ2
　　| みりん…大さじ1

作り方

1 鶏肉に **A** をまぶす。卵に砂糖、マヨネーズを混ぜておく。

2 フライパンに油を引き、中火にかけて卵液を一気に入れる。縁が固まってきたらざっくりと大きく混ぜ、半熟状に加熱して取り出す。

3 同じフライパンで玉ねぎを炒める。しんなりしたら端に寄せ、鶏肉を焼く（フライパンにくっつくようなら、油大さじ1を追加する）。

4 鶏肉にほんのり焼き色がついたら、**B** を加えてふたをし、2〜3分煮る。ふたを取り、とろっとするくらいまで煮からめる。**2** を戻し入れて完成。好みで小ねぎの小口切り、白いりごま、黒こしょう各適量をふる。

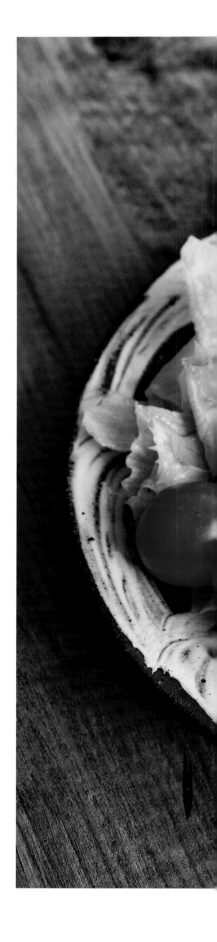

エッグチキンでエグチ笑
ワンパンでガガーッと
リズムよく作れます

バゲットやパスタ、
白ご飯を添えて!
(なんでもアリ)

チキンソテー お手軽トマトソース

<u>材料 (2人分)</u> ⏱ **25 min**

鶏もも肉…1～2枚
　（キッチンばさみで4等分に切る）
玉ねぎ…1個
にんにく…1片（みじん切り）
オリーブ油またはサラダ油
　…小さじ1
塩・こしょう…各少々
A｜トマト水煮缶（ホールタイプ）
　　…1缶（400g）
　　顆粒コンソメスープの素
　　…小さじ2
B｜砂糖・しょうゆ
　　…各小さじ1
　　塩・こしょう…各少々

<u>作り方</u>

1 玉ねぎは四つ割りにし、繊維を断つように薄切りにする。

2 フライパンに油を引いて鶏肉の皮目を下にして並べ、ふたをして中火で8分ほどこんがりと焼く。ふたを取り、裏返して30秒ほど焼き、塩、こしょうをふって取り出す。

3 トマトソースを作る。2 のフライパンに 1、にんにくを入れて中火で炒め、しんなりしたら A を加える。トマトをつぶし、フツフツしてきたらふたをして3分加熱し、B で調味する（味をみて、塩や砂糖で調える）。

4 器に 2 を盛り、3 をたっぷりかけ、好みでパセリのみじん切り、黒こしょう各適量をふる。

Point
トマト水煮缶は
ホールタイプが
おすすめですが、
カットタイプの場合は、
トマトケチャップ大さじ2、
砂糖大さじ1ほど
加えてみてください。

トマトソースに
ピザ用チーズ適量を
のっけてふたをし、
余熱で溶かしてから
チキンにオン！も
最高です！

**万能!
お手軽トマトソースの
使い方**

パンに、たっぷりチーズとともにのっけて焼けばリッチなトーストに。パスタ、うどんにも♪　ご飯にかけてチーズをのせて焼けば即席ドリア風。余ったソースを冷やしておいて、そうめんとあえれば冷製パスタ風！　シンプルにオムレツやスクランブルエッグに添えても最高。

チキンとかぼちゃの
さっぱり煮

材料（2〜3人分）　⏱ **25 min**

鶏もも肉…2枚（2cm幅に切る）
かぼちゃ…小¼個（300g/
　　種とわたを取り、一口大に切る）
しょうが…1片（薄切り）
A｜砂糖・酒・みりん
　｜　…各大さじ2
　｜しょうゆ…大さじ3
　｜酢…大さじ1
卵…4個

七味や山椒など
お好みで！
辛子マヨも合う！

作り方

1 鶏肉とかぼちゃは皮を下にしてフライパン（直径28cm）に並べ、しょうがも並べる。**A**を表記順に加えてふたをし、弱めの中火で15分煮る。

2 卵はゆでる直前に冷蔵庫から出し、沸騰した湯にそっと入れて6分30秒ゆでる。冷水で冷やして細かくひびを入れ、殻をむく。

3 **1**の火を止めたら**2**を加えてふたをし、5分ほどおく。ゆで卵を半分に切って器に盛り、好みで斜めに切った小ねぎ適量をのせる。

鶏じゃがカレー
照り焼き

材料（2人分）　⏱ **20 min**

鶏もも肉…1枚
じゃがいも…1個（皮つきのまま一口大に切る）
ズッキーニ…1本（皮を縞目にむいて輪切り）
サラダ油…大さじ1
A｜みりん…大さじ1
　｜めんつゆ（3倍濃縮）…大さじ2
　｜砂糖…小さじ1
　｜カレー粉…小さじ2
　｜塩・こしょう…各少々

作り方

1 じゃがいもは耐熱容器に入れてふんわりとラップをかけ、600Wの電子レンジで3分加熱する。

2 フライパンの上で鶏肉をキッチンばさみで8〜9等分に切って投入する。油を加えてなじませ、ふたをして中火にかける。3分ほど加熱したらズッキーニを加えて弱火にし、ふたをして4分ほど焼く。

3 こんがりしたら裏返し、**1**を加えてさらに焼き、**A**をからめる。

フライパンの上で
肉をカットすれば
まな板不要で時短！

仕上げにレモン
ギュッもおいしい!

小ねぎはにらで
アレンジしても!

鶏むね
ハニマスバターチキン

<u>材料（2人分）</u> 🕐 20 min

鶏むね肉…1枚（一口大のそぎ切り）

A | 酒・牛乳…各大さじ1
　 | 塩・こしょう…各適量

片栗粉（あればコーンスターチ）…大さじ4

サラダ油…大さじ2

B | バターまたはマーガリン…約大さじ1
　 | 粒マスタード…大さじ1
　 | はちみつ…大さじ2
　 | にんにくチューブ・しょうゆ…各小さじ1

<u>作り方</u>

1 鶏肉は A をもみ込んで10分ほどおく。

2 1 に片栗粉をしっかりとまぶし、油を引いたフライパンに並べる。中火で両面をこんがりと焼き、肉を端に寄せて B を加え、煮立ててからめる。好みでパセリのみじん切り、黒こしょう各適量をふる。

レンジチキンの
ねぎだくナムル

<u>材料（作りやすい分量）</u> 🕐 20 min

鶏むね肉…1枚

A | 酒…大さじ1
　 | 砂糖…小さじ1
　 | 塩…小さじ½

小ねぎ…1袋（約10本/小口切り）

B | 顆粒鶏ガラスープの素・砂糖・
　 | 　にんにくチューブ…各小さじ1
　 | めんつゆ（3倍濃縮）…小さじ2
　 | 白すりごま・ごま油…各大さじ1
　 | 黒こしょう…少々

食べるラー油・白いりごま…各適量

<u>作り方</u>

1 耐熱容器に鶏肉を入れてフォークでまんべんなく刺す。A をすり込み、ラップをかけて600Wの電子レンジで4分加熱する。そのままおいて粗熱を取り、皮を取って細かく裂く。

2 小ねぎは 1 とともに B であえる。器に盛り、たっぷりの食べるラー油と白いりごまをかける。

Point
鶏の皮と蒸し汁はぜひ取っておいて、
スープに利用を。

レンチン鶏ハムチャーシュー

材料（作りやすい分量）⏱ **20 min**

鶏むね肉…1枚
A ┃ みそ…大さじ2
　┃ 酒・はちみつ・しょうゆ
　┃ 　…各大さじ1
　┃ にんにくチューブ・
　┃ 　しょうがチューブ
　┃ 　…各小さじ1
ゆで卵…3個〜

作り方

1 鶏肉はフォークでまんべんなく刺す。ポリ袋に **A** と入れてもみ込み、10分ほど漬ける。

2 鶏肉の皮目を下にして耐熱容器に入れ、ふんわりとラップをかけ、600Wの電子レンジで2分30秒加熱する。肉を裏返してラップをかけ、さらに2分30秒加熱する。ゆで卵を加えてラップをかけ、余熱で火を通す。

3 肉の粗熱が取れたら、薄いそぎ切りにして器に盛り、半分に切ったゆで卵、好みで長ねぎの小口切り適量を添える。

> **Point**
> 冷まして食べても、もう一度軽くレンジで温めてもOK（加熱しすぎるとかたくなるので注意）。

memo バリエーションレシピ | 材料の **A** を、酒大さじ1、砂糖、ハーブソルト各小さじ1、顆粒鶏ガラスープの素一つまみに代えて、同様に作り、ハーブ風味を楽しみます。

鶏肉をフォークで
刺しまくることで
しっとり＆味しみ

2ステップで
ラクチンの衣！
ソースもハマる！

鶏むねとなすに
ほれ直す!!
お弁当にも◎

サクふわチキンカツの濃厚ソース

ポリ袋
フライパン

材料（2人分） 🕐 25 min

鶏むね肉…1枚
A 薄力粉…大さじ3
　　　酒・水・マヨネーズ…各大さじ1
　　　塩・こしょう…各少々
パン粉…½～1カップ（100～200㎖）
サラダ油…適量
B 白すりごま・ウスターソース・
　　　　トマトケチャップ…各大さじ2
　　　練り辛子チューブ…小さじ½

作り方

1 鶏肉は皮を取り、中央から手で平らになるよう開き、同じくらいの大きさに4つに切る。

2 ポリ袋に **1**、**A** を入れてもみ込み、取り出してパン粉を押しつけるようにしてまぶす（この状態で約2週間冷凍保存可能）。

3 フライパンに5㎜ほどの深さに油を入れて中火にかけ、**2** を揚げ焼きにする（片面2～3分ずつ焼き、途中で触らず、いい焼き色になったら裏返す。いじりすぎると衣がはげる）。こんがり焼けたら油をきり、混ぜた **B** をかけて食べる。

鶏むねとなすのピリ辛中華焼き

フライパン

材料（2人分） 🕐 15 min

鶏むね肉…1枚（そぎ切り）
A 酒…大さじ1
　　　しょうゆ・しょうがチューブ…各小さじ1
なす…2本
　　（一口大に切り、皮に格子状の切り目を入れる）
片栗粉…大さじ3
サラダ油…大さじ2
B オイスターソース・みりん…各大さじ2
　　　豆板醤…小さじ½～
白いりごま…適量

作り方

1 鶏肉に **A** をもみ込む。

2 **1** となすに片栗粉をまぶし、油を引いたフライパンで、中火で片面3分くらいずつカリッと焼く。フライパンの余分な油をペーパータオルでふき取り、混ぜた **B** をからめる。器に盛り、白いりごまをかける。

ささみの甘辛磯辺

フライパン

材料（2〜3人分） 🕐 **20** min

ささみ…6本（約350g）
A │ 酒…大さじ1
　　│ 砂糖・顆粒鶏ガラスープの素・しょうゆ・
　　│ 　しょうがチューブ…各小さじ1
焼きのり（全形）…1〜1と½枚
片栗粉…大さじ3
サラダ油…大さじ2
B │ 砂糖・みりん…各大さじ1
　　│ しょうゆ…大さじ1と½
白いりごま…適量

作り方

1 ささみは筋の太い部分をキッチンばさみで切り、斜め3等分に切って **A** をもみ込む。

2 のりを適宜切って **1** に巻き、片栗粉をまぶす。

3 フライパンに油を引き、**2** を中火で焼く。全面がカリッと焼けたら、フライパンの余分な油をペーパータオルでふき取り、**B** をからめる。器に盛り、白いりごまをかける。

鶏肉（鶏むね肉、ささみ、鶏手羽元）

揚げずに多めの
油で焼いて
簡単＆ヘルシーに

甘辛い味で
ご飯がもりもり
食べられます！

手羽元と新じゃがの
ほったらかし照り煮

フライパン

材料（2人分） 🕐 **20** min

鶏手羽元…8本
新じゃがいも…400g
　（中3個またはミニサイズ10個ほど／一口大に切る）
サラダ油…小さじ2
A │ 砂糖・みりん・しょうゆ…各大さじ2
　　│ 酒・水…各大さじ3
　　│ にんにくチューブ・しょうがチューブ
　　│ 　…各小さじ1
　　│ 顆粒和風だしの素…小さじ½
ごま油…小さじ2

作り方

1 手羽元はキッチンばさみで骨に沿って切り込みを入れる。

2 フライパンにサラダ油を引き、**1** とじゃがいもを入れて中火で焼きつける。焼き色がついたら **A** を加え、煮立ったらアルミホイルを被せ、弱火にして7分ほど煮る。

3 ホイルをはずし、中火にして5分ほど、照りが出るまで煮からめる。ごま油を回し入れる。

青じそチーズの豚こまボール

材料（2人分） ⏱ **10** min

A｜ 豚こま切れ肉…300g
青じそ…7〜8枚（ちぎる）
ピザ用チーズ…40g
片栗粉…大さじ2
酒…大さじ1
顆粒鶏ガラスープの素…小さじ½
砂糖…小さじ1
しょうゆ…小さじ1
しょうがチューブ…3cm分
塩・こしょう…各少々
サラダ油…小さじ1

作り方

1 ポリ袋に **A** を入れてもみ混ぜる。

2 フライパンに油を引き、**1** を一口大に丸めながら並べていく。
中火〜弱火にかけ、ときどき転がしながら全面をこんがりと
焼く。

> **Point**
> 焼きたてはカリッと、保存して温め直すと
> しっとり、とろとろの食感になります。
> ハンバーグみたいに大きく焼いてもOK。

青じそは手でちぎって袋に
IN！ 包丁もまな板も使わ
ず、洗いものを最小限に。

粉をまぶすときはポリ袋
で。はじめは粉が1か所に
たまりやすいので、袋に空
気を入れて口を持ち、ふり
回すようにしてまんべんな
くまぶします。

粉気がなくなったら空気を抜き、両手でこねくり回しても
み混ぜます。

包丁不要!! 豚こまと
青じそ&チーズは
間違いない組み合わせ!

豚こまのサルサソース

材料（2人分）　⏱ 20 min

豚こま切れ肉…250g
A | 塩・こしょう…各適量
　 | 片栗粉…大さじ1
　 | 砂糖…小さじ1
サラダ油…小さじ2

B | トマト…1個（5mm角に切る）
　 | 玉ねぎ…¼個（みじん切り）
　 | パセリ…適量（粗く刻む）
　 | 砂糖…小さじ1
　 | 塩・顆粒鶏ガラスープの素
　 | 　…各小さじ½
　 | タバスコ®…小さじ1
　 | にんにくチューブ…3cm分
　 | オリーブ油…大さじ1
　 | レモン汁…½個分（大さじ1〜2）

作り方

1 豚肉にAをもみ込む。

2 油を引いたフライパンに1を2つに分けてのせ、薄く広げる。中火にかけ、片面3分くらいずつ、こんがりと焼く。

3 Bを混ぜ、サルサソースを作る。

4 器に2を盛って3をかけ、好みで粗びき黒こしょう適量をふる。

豚こまバーグに
たっぷりサルサで
どうぞ!

先に焼いた豚肉は
加熱しすぎないよう、
なすの上に避難

肉だねは厚すぎると
火通りに時間が
かかるので注意

カリカリ豚ごぼ天

<u>材料（2人分）</u> 🕐 **20 min**

豚こま切れ肉…300g
ごぼう…½本
A｜卵…1個
　｜片栗粉…大さじ4
　｜酒…大さじ1
　｜砂糖・しょうがチューブ…各小さじ1
　｜しょうゆ…小さじ2
サラダ油…適量

<u>作り方</u>

1 ごぼうの皮はクシュッと丸めたアルミホイルでこそげるかピーラーでむく。縦に4〜5本切り込みを入れ、斜め薄切りにする。

2 ボウルに**1**、豚肉、**A**を混ぜる。

3 フライパンに5mmほどの深さに油を入れ、弱めの中火にかける。**2**をスプーン2本で一口大にまとめながら落とし入れる。片面3〜4分ずつ、こんがりと焼く。

> **Point**
> ズボラささがき。めちゃくちゃ不ぞろい、ささがきにほど遠いわ！な感じでOK 。

豚こまなすの
甘辛みぞれ煮

<u>材料（2人分）</u> 🕐 **15 min**

豚こま切れ肉…300g
なす…2本（輪切り）
A｜片栗粉・酒…各大さじ1
　｜砂糖・しょうゆ・しょうがチューブ
　｜　…各小さじ1
　｜豆板醤…小さじ½〜
サラダ油…大さじ1
B｜大根おろし…約10cm分
　｜めんつゆ（3倍濃縮）・みりん…各大さじ3

<u>作り方</u>

1 ポリ袋に豚肉と**A**を入れてもみ込む。

2 油を引いたフライパンに**1**の豚肉を一口大に丸めて並べる。中火で焼き、こんがりしたら裏返し、ほんのり色づいたらなす並べる。豚肉は火を通しすぎないよう、なすの上にのせる。

3 なすの両面を焼き、しんなりしたら**B**を加えて煮立てる。好みで小ねぎの小口切り、白いりごま各適量を散らす。

キャベツもたっぷり。
栄養も文句なし！

小麦粉を使わず、豚肉と卵、
野菜でお好み焼き風に

豚と卵のスタミナ炒め

材料（2人分） 🕐 15 min

豚こま切れ肉…200g
春キャベツ…¼個（約250g/ざく切り）
小ねぎ（にらでもよい）
　…6本〜（約3㎝長さに切る）
A｜片栗粉・酒…各大さじ1
　｜砂糖…小さじ1
卵…3個
B｜マヨネーズ…大さじ1
　｜顆粒鶏ガラスープの素…小さじ1
サラダ油…大さじ2
C｜バター…10g
　｜焼肉のたれ…大さじ3
粗びき黒こしょう…適量

作り方

1 豚肉にAをからめる。卵はBを加えて溶きほぐし、油を引いて強火にかけたフライパンに一気に流す。固まりかけたら、へらで大きく混ぜ、半熟状で取り出す。

2 1のフライパンに豚肉を広げて中火で焼き、裏返してほぐし、キャベツを加える。3分ほど炒めて野菜がしんなりしたら、Cを加えて炒める。小ねぎを加えて卵を戻し入れ、ざっくり混ぜて黒こしょうをふる。

豚玉円盤焼き

材料（2人分） 🕐 15 min

豚こま切れ肉…150g
A｜酒…大さじ1
　｜砂糖…小さじ1
　｜塩・こしょう…各少々
卵…3個
粉チーズ…大さじ2
玉ねぎ…½個（薄切り）
サラダ油…大さじ1

作り方

1 豚肉にAをもみ込む。卵とチーズは混ぜる。

2 フライパンに油を引き、玉ねぎ、豚肉を炒める。肉の色が変わったら卵液を入れて混ぜ、丸く整えてふたをする。弱火で3分焼き、ふたにすべらせて裏返し、4〜5分焼く。好みのソースや小ねぎの小口切り適量をかける。

デミこまステーキ

フライパン

材料（2人分）　⏱ 20 min

豚こま切れ肉…300g
A｜片栗粉…大さじ2
　｜酒…大さじ1
　｜砂糖・しょうがチューブ・にんにくチューブ
　｜　…各小さじ1
サラダ油…小さじ1
玉ねぎ…½個（薄切り）
しめじ…100g（ほぐす）
B｜トマトケチャップ・ウスターソース…各大さじ2
　｜みりん…大さじ1
　｜しょうゆ…小さじ2
バター…10g

作り方

1 豚肉にA、あればナツメグ少々をもみ込み、油を引いたフライパンに2つに分けてのせ、平らに広げる。中火で3分ほど焼き、裏返す。あいたところで玉ねぎを炒め、しんなりしたらしめじとBを加えて煮からめる。しめじがしんなりしたらバターを混ぜ、塩、こしょう（分量外）で味を調える。

豚こま油淋鶏

ポリ袋
フライパン

材料（2人分）　⏱ 15 min

豚こま切れ肉…300g
A｜酒…大さじ1
　｜塩・こしょう・しょうがチューブ・
　｜　にんにくチューブ…各少々
片栗粉…大さじ3
サラダ油…大さじ1
B｜長ねぎ…½本（粗みじん切り）
　｜にんにく…1片（粗みじん切り）
　｜しょうがチューブ…小さじ1
　｜砂糖・しょうゆ…各大さじ2
　｜酢…大さじ1
　｜ごま油…小さじ2
　｜赤唐辛子の輪切り…好みで少々

作り方

1 ポリ袋に豚肉、Aを入れてもみ込む。片栗粉を加え、空気を入れて口を持ち、袋をふって粉をまぶす。

2 フライパンに油を引き、弱めの中火で豚肉を焼く。そのまま触らず、カリッとしたら裏返して焼き（肉はくっついている状態でOK）、最後にほぐす。食べるときに混ぜたBをたっぷりかける。

ゆで卵、ゆでた
ブロッコリーなど
あるもんで彩りUP

肉の下ごしらえは
ポリ袋を活用
洗いものが減って時短

インスタの保存数が
1万近い
人気レシピです

ラーメン風
豚キャベツの塩あんかけ

フライパン

材料（2人分）　⏲ 15 min

豚こま切れ肉…200g〜
　（大きければ食べやすい
　　サイズに切る）
キャベツ…200g（細切り）
にんにく…1片（すりおろす）
しょうが…1片（すりおろす）
ごま油…大さじ1

A｜酒…大さじ2
　｜みりん…大さじ1
　｜塩…小さじ¼
　｜顆粒鶏ガラスープの素
　｜　…小さじ1
　｜こしょう…少々
　｜水…200㎖
　片栗粉…大さじ1

作り方

1 フライパンに油を引き、豚肉、キャベツ、にんにく、しょうがを中火で炒める。

2 キャベツがしんなりして肉の色が変わったら、Aを加えて煮立てる。3分ほどフツフツと加熱したら、弱火にして倍量の水で溶いた片栗粉でとろみをつける。好みでラー油、こしょう、小ねぎの小口切り、白いりごまをトッピングすると、よりラーメン風に。

Point
ご飯やかた焼きそばなどにかけても◎。

ごまポン豆腐 しゃぶしゃぶサラダ

材料（2人分）　⏱ 15 min

豚ロースしゃぶしゃぶ用肉…200g〜
A｜水…約1ℓ
　｜酒…50㎖
水菜やレタス、トマトなど好みの野菜
　　…適量（食べやすい大きさに切る）
木綿豆腐…150g〜（一口大に切る）
乾燥わかめ（カットタイプ）
　　…大さじ1（水でもどし、水気を絞る）
B｜砂糖・白すりごま・ポン酢しょうゆ
　｜　…各大さじ2
　｜ごま油…大さじ1
　｜しょうがチューブ…小さじ1
　｜豆板醤…小さじ½〜

作り方

1 フライパンにA を沸かし、水100㎖を入れて火を止める。豚肉をくぐらせ、色が変わったらざるにあげる（水にはさらさない）。

2 器に野菜、豆腐、わかめを盛って 1 をのせ、混ぜた B をたっぷりかける。

トマチー 逆ロールキャベツ

材料（2人分）　⏱ 15 min

豚バラ薄切り肉…約150g
春キャベツ…約200g（細めのざく切り）
スライスチーズ…4枚（半分に切る）
A｜トマトケチャップ…大さじ3
　｜ウスターソース…大さじ1
　｜砂糖…小さじ2
　｜ナツメグ・塩・こしょう・にんにくチューブ
　｜　…各少々

作り方

1 豚肉でキャベツとチーズをきっちりと巻き、巻き終わりを下にして耐熱容器に敷き詰める。余ったキャベツは肉巻きの下やあいたところに詰める。

2 混ぜた A をかけてふんわりとラップをかけ、600Wの電子レンジで7分加熱する。肉の色が変わっていたらOK。好みでパセリのみじん切り適量をふる。

小ねぎ、黒こしょう、ラー油などお好みで。途中の味変にも◎

薄切り肉でキャベツを包んだ、簡単レンチンおかず

チリトマチャプチェ

材料（2人分）　⏱ **15 min**

合いびき肉…150g
春雨…50g
トマト…1個（くし形切り）
にら…1束（3㎝幅に切る）
玉ねぎ…½個（5㎜幅の薄切り）
A　水…100㎖
　　焼き肉のたれ…大さじ3
　　砂糖…小さじ1
　　顆粒鶏ガラスープの素
　　　…小さじ½
　　豆板醬…小さじ½〜
　　しょうがチューブ…小さじ1
ごま油…大さじ1
白いりごま・ラー油…各適量

作り方

1 Aは混ぜておく。

2 フライパンに油を引き、中火で玉ねぎとひき肉を炒める。肉の色が変わったら、春雨と1を加え、春雨がもどるまで炒める。にら、トマトの順に加え、サッと混ぜ合わせる。白いりごま、ラー油をたっぷりかける。

春雨は乾燥したまま加え、合わせ調味料を吸わせながらもどすので、味がシミシミに！

> チャチャッと作れる
> スピードメニュー。
> 止まらぬうまさです！

和風きのこハンバーグ

ポリ袋　電子レンジ

材料（2人分） ⏱ **15 min**

A
| 合いびき肉…200g
| 玉ねぎ…½個（みじん切り）
| 片栗粉…大さじ2
| マヨネーズ…大さじ1
| 塩・こしょう・ナツメグ
|　…各少々
好みのきのこ…100g
（食べやすい大きさに切る）
バター…10g
ポン酢しょうゆやめんつゆ、
しょうゆなど好みのもの
　…大さじ½～1

作り方

1　ポリ袋に**A**を入れてもみ混ぜ、2等分にする。楕円形に整えて平らにし、耐熱皿に並べる。

2　肉だねにきのこ、バターの順にのせ、ふんわりとラップをかける。600Wの電子レンジ7分加熱する。器に盛り、好みで小ねぎの小口切り、青じそのせん切り各適量をのせ、ポン酢などをかける。

Point
肉だねの中央は
火の通りが
一番悪いところなので、
「ちょい凹み」で!

簡略化しまくって
でき上がった
超時短レシピ!!

ピーマンの 肉詰めない焼き

ポリ袋
フライパン

材料 (2人分) ⏱ 15 min

A 合いびき肉…200g
玉ねぎ…½個 (みじん切り)
卵…1個
片栗粉…大さじ3
ナツメグ・塩・こしょう…各少々
ピーマン…小5〜7個 (半分に切って種を取る)
片栗粉…大さじ1〜2
サラダ油…少々
B みりん・ウスターソース…各大さじ1
酒・焼き肉のたれ…各大さじ2

作り方

1 ポリ袋にピーマンを入れ、片栗粉を加えて空気を入れ、口を持って袋をふり、粉をまぶす。別のポリ袋に A を入れてもみ混ぜる。

2 フライパン (卵焼き器でもよい) に油をしっかりとぬり、肉だねを広げ、ピーマンを並べてうめ込む。ふたをして弱めの中火にかけ、5分ほど焼く。こんがりしたら裏返し、1分ほど焼く。

3 混ぜた B を加えてフライパンを揺すり、アルコール分を飛ばす。

丸めない、
衣つけない、
揚げないから簡単!!

スコップメンチ

電子レンジ
トースター

材料 (2人分) ⏱ 20 min

豚ひき肉…200g
キャベツ…2枚 (100g/粗みじん切り)
玉ねぎ…½個 (粗みじん切り)
A 卵…1個
片栗粉・ウスターソース…各大さじ2
顆粒鶏ガラスープの素…小さじ1
塩・こしょう…各少々
パン粉…大さじ5
サラダ油…大さじ1
好みのソース…適量

作り方

1 ひき肉、キャベツ、玉ねぎ、A を混ぜる。耐熱皿に敷き詰め、ラップをかけて600Wの電子レンジで5分加熱する。

2 パン粉と油を混ぜ、ラップを取った 2 にかける。オーブントースターで5分ほど、こんがりするまで焼く。ソースをかけて食べる。

うま塩白菜メンチ

材料（2〜3人分）　🕐 **25** min

A｜豚ひき肉…200g
　　顆粒鶏ガラスープの素・砂糖
　　　…各小さじ1
　　塩…小さじ¼
　　ナツメグ・こしょう…各少々
　　片栗粉…大さじ3
　　酒・マヨネーズ…各大さじ1
白菜…200g（粗みじん切り）
玉ねぎ…½個（粗みじん切り）
パン粉…1カップ強（200㎖強）
サラダ油・好みのソース
　　…各適量

> 衣づけ楽ちん！
> 肉より野菜が多い
> ヘルシー仕様！

作り方

1 ポリ袋に白菜、玉ねぎを入れ、**A** を加えてもみ混ぜる。

2 フライパンに5㎜ほどの深さに油を入れる。肉だねを8等分くらいに丸め、パン粉をまぶしながら、押しつけてつぶし、形を整える。フライパンを火にかけ、肉だねを並べ入れる。

3 弱めの中火で3〜4分揚げ焼きにし、裏返して弱火にし、7分ほど焼く。こんがり焼けたら油をきり、ソースをかけて食べる。

にらしそ ズボラぎょうざ

材料（2人分/20個分）　🕐 **20** min

A｜豚ひき肉…200g
　　にら…½束（刻む）
　　青じそ…10枚（細かくちぎる）
　　顆粒鶏ガラスープの素・片栗粉・砂糖・
　　　しょうゆ・ごま油…各小さじ1
ぎょうざの皮…20枚
ごま油…大さじ1

作り方

1 ポリ袋に **A** を入れ、よくもみ混ぜる。袋の先を切ってぎょうざの皮に棒状にしぼる。皮の縁に水をぬり、皮をたねにかぶせるように三つ折りにする。

2 フライパンに油を引き、1 のとじ目を上にして並べ、中火で焼く。カリッとしたら水50㎖を回しかけ、ふたをして2分焼く。ふたを取って水分を飛ばす。ポン酢しょうゆなど好みのたれを添える。

> こねない、包まない!!
> めちゃくちゃ簡単な
> ビックリぎょうざです

仕上げのチーズは
余熱でとろけます!

ふんわりのりチー豆腐つくね

材料（2人分） 🕐 15 min

A 鶏ひき肉…200g
絹ごし豆腐…½丁（150g）
長ねぎ…½本（粗みじん切り）
片栗粉…大さじ3
青のり…大さじ1
しょうがチューブ…小さじ1
塩・こしょう…各少々

サラダ油…大さじ1
B 砂糖・みりん・酒・
しょうゆ…各大さじ2
スライスチーズ（溶けるタイプ）
…1枚〜

作り方

1 ポリ袋に **A** を入れ、もみ混ぜる。

2 小さめのフライパン（直径20㎝）に油を引き、**1** を広げて丸く整える。中火にかけ、5分ほど焼く。ふたにすべらせて裏返し、ふたをして2分30秒ほど焼く。

3 **B** を加え、煮からめる。火を止めてチーズをのせ、好みで小ねぎの小口切り、白いりごま、七味唐辛子各適量をトッピングする。

[肉加工品] ウインナーやベーコンを使った
扱いやすくて食べごたえのある簡単おかずをご紹介！

ひき肉（鶏ひき肉）、肉加工品（ウインナーソーセージ、ベーコン）

バターしょうゆの
ジャーマンおさつ

電子レンジ
フライパン

材料（2人分） 🕐 15 min

ウインナーソーセージ
　…5本（斜めに切る）
さつまいも…小1本（200g/一口大の乱切り）
玉ねぎ…1個（5mm幅の薄切り）
バター…20g
A　顆粒コンソメスープの素・砂糖・
　　粒マスタード・しょうゆ・
　　にんにくチューブ…各小さじ1
塩・こしょう…各少々

作り方

1 さつまいもはラップで包み、600Wの電子レンジで3分30秒加熱する。

2 フライパンにバターを溶かし、1、玉ねぎ、ソーセージを中火で炒める。ときどき混ぜながら4分ほど加熱し、焼き色がついてきたら弱火にしてAを加え、炒め合わせる。塩、こしょうで味を調える。

ベーコンと新玉ねぎの
とろとろチーズ焼き

電子レンジ
トースター

材料（2人分） 🕐 20 min

ベーコン…4枚（短冊切り）
新玉ねぎ…1個（六つ割りにする）
スライスチーズ（溶けるタイプ）
　…4枚（適当な大きさにちぎる）
オリーブ油…大さじ1
粗びき黒こしょう・ドライパセリ…各適量

作り方

1 耐熱皿2つに玉ねぎ、ベーコンを等分して並べ、油を半量ずつかける。チーズも半量ずつ入れる。

2 1にふんわりとラップをかけ、600Wの電子レンジで8分加熱する。ラップを取り、オーブントースターで5分ほどこんがりと焼く（トースターを使わず、レンジのみで作る場合は10分ほど加熱する）。粗びきこしょう、パセリを散らす。

お好みでパセリや黒こしょうを散らして

バゲットをぜひ添えてどうぞ！

さけ料理のマンネリ打破!
焼いてからめるだけと簡単です

〔 魚介 〕 切り身魚、ゆでたこ、むきえびなど、
使いやすい素材を使ったおかずをバラエティ豊かにご紹介!

さけとまいたけのバタポンソテー

フライパン

材料(2人分) ⏲ 15 min

生さけ…2切れ(骨があれば抜く)
酒…小さじ2
にんにく…1片(みじん切り)
バター…10g
まいたけ
　　…1パック(100g/ほぐす)
A│ 砂糖・酒・みりん・ポン酢
　│ しょうゆ…各大さじ1

作り方

1 さけに酒をふる。

2 フライパンににんにく、バターを入れて弱めの
　中火で加熱し、さけを焼く。こんがりしたら裏
　返し、きのこを加える。

3 さけの両面が焼けたら、A を加えて煮からめ
　る。好みで小ねぎの小口切り、黒こしょう各適
　量をふる。

さけとブロッコリーのオイマヨ

材料（2人分） ⏱ **20** min

生さけ…2切れ（骨があれば抜く）
酒…小さじ2
塩・こしょう…各少々
片栗粉…大さじ1
ブロッコリー…½株
　（約120g/小房に分ける）
サラダ油…大さじ1
A｜マヨネーズ…大さじ3
　｜砂糖…小さじ1
　｜オイスターソース…小さじ2

作り方

1 さけはキッチンばさみで4等分に切り、酒、塩、こしょうをふって10分ほどおく。

2 ブロッコリーはラップに包み、600Wの電子レンジで1分加熱する。**A** は混ぜておく。

3 さけに片栗粉をまぶし、油を熱したフライパンで中火で焼く。ブロッコリーも一緒に焼き、焼けたものから **A** に入れ、あえる。好みで小ねぎの小口切り、黒こしょう各適量をふる。

さけは立てて側面も焼くのがポイント。全面香ばしく焼けたらオイマヨに投入。

オイマヨをからめて
さけのおいしさ格上げ！
ご飯が進みます

お好みでパセリや
チーズをかけても
おいしい

さばのみそ煮を
韓国風にアレンジ。
うま辛たまらん‼

さばとじゃがいもの
アラビアータ風

材料（2人分）　⏱ 20 min

さば…半身2枚
薄力粉…小さじ2
じゃがいも…200g（皮をむき、一口大に切る）
玉ねぎ…½個（薄切り）
にんにく…2片（粗みじん切り）
オリーブ油…大さじ1
A｜トマト水煮缶（ホールタイプ）…1缶（400g）
　｜砂糖・塩麹・みりん…各大さじ1
　｜酒…大さじ2
　｜しょうゆ…小さじ1
　｜赤唐辛子…1本〜
　｜ローリエ…あれば1枚
黒こしょう・塩…各適量

作り方

1 さばは水けをふいて食べやすい大きさに切り、薄力粉をまぶす。じゃがいもはラップで包み、600Wの電子レンジで2分30秒加熱する。

2 フライパンに油を引いてさばの皮目を下にして焼き、あいたところににんにく、玉ねぎを入れて炒める。さばの皮がパリッと焼けたら裏返し、じゃがいもを加えてサッと混ぜ、Aを加えてトマトを軽くつぶす。沸騰したら弱めの中火で7分ほど加熱し、全体にとろりとからんだら黒こしょう、塩で味を調える。

さばのコチュ煮

材料（2人分）　⏱ 20 min

塩さば（骨を抜いたもの）
　…半身2枚（食べやすい大きさに切る）
小松菜…½束（3cm長さに切る）
ごま油…小さじ2
A｜砂糖・みりん・酒…各大さじ1
　｜水…大さじ2
　｜コチュジャン…小さじ2
　｜にんにくチューブ・しょうゆ…各小さじ1
白いりごま…適量

作り方

1 Aは混ぜておく。

2 フライパンに油を引き、中火でさばの両面をこんがりと焼く。端に寄せ、あいたところで小松菜をサッと炒める。1を回し入れ、とろっとするまで煮つめ、白いりごまを散らす。

焼きねぎたらみそ

材料（2人分） 🕐 15 min

生たら…2〜3切れ
酒・片栗粉…各大さじ1
長ねぎ…1本（ぶつ切り）
しょうが…1片（薄切り）
サラダ油…大さじ1
A｜砂糖・みそ・酒・みりん・水…各大さじ2

作り方

1 たらに酒をふる。Aは混ぜておく。

2 フライパンに油を引いて片栗粉をまぶしたたらを並べ、周りに長ねぎ、しょうがを並べて中火で焼く。たらはいじらず、縁がカリッとしたら裏返す。長ねぎ、しょうがは適宜裏返してこんがり焼きつける。

3 1のたれを加えてみそを溶かし、5分ほど煮てとろりとからめる。好みで七味唐辛子適量をふる。

しょうがのさわやかな
辛味がアクセント

ねぎまみれたこ

材料（2人分） 🕐 10 min

ゆでたこ…200g（ぶつ切り）
アボカド…1個（種と皮を取って角切り）
小ねぎ…10本（小口切り）
A｜顆粒鶏ガラスープの素・にんにくチューブ・
　｜めんつゆ（3倍濃縮）…各小さじ1
　｜ごま油…大さじ1
　｜塩・こしょう…各少々

作り方

1 ボウルにたこ、アボカド、小ねぎ、Aを混ぜる。好みで食べるラー油、白炒りごま各適量をかける。

たこの代わりに
サーモンでも
まぐろでもおいしい

タバスコ®をふるのが
おすすめ中の
おすすめ!

お好みで
ソースをかけたり
レモンをしぼって

ぷりぷりミニえびカツ

ポリ袋
フライパン

<u>材料(2人分)</u> 🕐 15 min

むきえび…200g
　（背わたがあれば取り、粗みじん切り）
はんぺん…1枚（ざっくりとちぎる）
A｜パン粉…大さじ3
　｜片栗粉・マヨネーズ…各大さじ1
　｜顆粒鶏ガラスープの素・砂糖・酒
　｜　…各小さじ1
　｜にんにくチューブ…3cm分
　｜こしょう…少々
パン粉…½カップ（100ml）
粉チーズ…大さじ1
オリーブ油…大さじ3

<u>作り方</u>

1 ポリ袋にえび、はんぺん、A を入れ、はんぺんを
　つぶしながらもみ混ぜる。一口大に丸め、パン
　粉と粉チーズを合わせた衣をしっかりまぶす。

2 フライパンに油を入れて中火にかけ、1 の両面
　をこんがりと焼く。

えびマヨサラダ

電子レンジ

<u>材料(2〜4人分)</u> 🕐 15 min

むきえび…約200g（背わたがあれば取る）
A｜酒…大さじ1
　｜片栗粉…小さじ2
　｜顆粒鶏ガラスープの素…小さじ½
　｜しょうがチューブ・にんにくチューブ・
　｜　サラダ油…各小さじ1
　｜塩・こしょう…各少々
　｜玉ねぎ…¼個（みじん切り）
B｜砂糖…大さじ1
　｜トマトケチャップ…大さじ2
　｜マヨネーズ…大さじ3
　｜牛乳…小さじ1
好みの野菜…適量（食べやすく切る）

<u>作り方</u>

1 耐熱容器（容量700ml）にえび、A を入れて混
　ぜる。ふんわりとラップをかけ、600Wの電子レ
　ンジで5分加熱する。そのままおいて粗熱を取
　り、B を混ぜる。野菜と盛り、好みで小ねぎの
　小口切り、粗びき黒こしょう、半分に切ったミニ
　トマト各適量をトッピングする。

[魚加工品] うまみたっぷり＆良質なたんぱく源の魚加工品は
時短おかずの強い味方です。

かにかま
アボカドユッケ

ボウル

材料（2人分）⏱ 5 min

かに風味かまぼこ（フレークタイプ）…100g
A │ 砂糖・コチュジャン・ごま油…各大さじ1
　 │ しょうゆ…小さじ1
　 │ にんにくチューブ・顆粒鶏ガラスープの素
　 │ 　…各少々
アボカド…½〜1個（皮と種を取って角切り）

作り方

1 ボウルにAを混ぜ、かにかま、アボカドを加えて
　混ぜる。好みで卵黄1個分、小ねぎの小口切り、
　刻みのり各適量をトッピングする。

あえるだけ!
うま辛い
やみつき系おかずです

甘辛しそちく

ポリ袋

フライパン

材料（2人分）⏱ 10 min

ちくわ…1袋（5本/4等分に切る）
片栗粉・サラダ油…各大さじ1
A │ みりん・めんつゆ（3倍濃縮）…各大さじ1
青じそ…5枚（ちぎる）

作り方

1 ポリ袋にちくわ、片栗粉を入れ、空気を入れて口
　を持ち、袋をふって粉をまぶす。

2 フライパンに油を引き、弱めの中火で1の両面
　をこんがりと焼く。火を止め、フライパンの余分
　な油をペーパータオルでふき、Aをからめる。青
　じそを混ぜ、好みで白いりごま適量を散らす。

作りおきOK。
お弁当おかずやおつまみにも

ズボラ麻婆豆腐

材料（2人分） ⏲ 10 min

絹ごし豆腐…1丁（300g/1cm角に切る）
豚ひき肉…100g
長ねぎ…½〜1本（粗みじん切り）
A｜砂糖・みそ…各大さじ1
　｜しょうゆ…大さじ2
　｜顆粒鶏ガラスープの素・にんにくチューブ・
　｜　しょうがチューブ…各小さじ1
　｜片栗粉…小さじ2
　｜豆板醤…小さじ1〜
　｜水…200ml
ごま油…小さじ2

作り方

1 耐熱容器（容量1100ml）に長ねぎ、ひき肉、A
　を入れてよく混ぜる。豆腐を加えて軽く混ぜる。
　ふんわりとラップをかけ、600Wの電子レンジ
　で4分加熱する。

2 取り出して油を混ぜ、好みで刻んだねぎ適量を
　ふる。

肉巻き厚揚げの
コロコロふわ照り

材料（2〜3人分） ⏲ 20 min

厚揚げ…2枚（それぞれ9等分に切る）
豚バラ薄切り肉…約300g
片栗粉・サラダ油…各大さじ1
A｜砂糖・しょうゆ…各大さじ2
　｜みりん・酒…各大さじ1
　｜しょうがチューブ・にんにくチューブ
　｜　…各小さじ1

作り方

1 厚揚げに豚肉を巻き、途中で方向を変えながら
　全面に巻きつけ、ギュッとにぎって落ち着かせ
　る。

2 フライパンに油を引き、1に片栗粉をまぶしては
　並べる。中火にかけて全面を焼く（フライパンの
　余分な油をペーパータオルでふきながら、ときど
　き転がして焼く）。Aを加えて煮からめ、好みで
　白いりごま、小ねぎの小口切り各適量をふる。

とろみはゆるめです。
辛さも弱めなので
豆板醤やラー油で
調整を

焼くときに余分な油が
多いとはねるので
ふきながら焼いて

デミトマチーズエッグ

材料（2人分）　🕐 15 min

卵…3個
A　牛乳・マヨネーズ…各大さじ1
　　砂糖…小さじ1
B　合いびき肉…150g
　　玉ねぎ…½個（粗みじん切り）
サラダ油・薄力粉…各大さじ1
C　トマト水煮缶（ホールタイプ）…1缶（400g）
　　トマトケチャップ…大さじ2
　　ウスターソース…大さじ1
　　砂糖…小さじ2
　　しょうゆ・にんにくチューブ…各小さじ1
塩・こしょう…各少々
モッツァレラチーズ…1個（約90g）

作り方

1　卵にAを混ぜて軽く溶きほぐす。油を引いたフライパンで中火で半熟状に焼き、縁が固まってきたら、へらで大きく混ぜて取り出す。

2　1のフライパンでBを炒め、肉の色が変わったら薄力粉を混ぜる。Cを加えてトマトをつぶしながらとろとろになるまで炒め煮にし、塩、こしょうで調味する。チーズをちぎり入れ、1を加えてからめる。

スパニッシュオムレツ

材料（2人分）　🕐 20 min

A　卵…3個
　　牛乳…大さじ3
　　マヨネーズ…大さじ1
　　ピザ用チーズ…30g〜
じゃがいも…1個（皮をむき、半分に切って薄切り）
玉ねぎ…½個（薄切り）
ベーコン…2枚（細切り）
サラダ油…大さじ1

作り方

1　耐熱容器（容量700㎖）にじゃがいも、玉ねぎ、ベーコンの順に入れ（ターンテーブルタイプのレンジなら逆の順番で入れる）、ラップをかけて600Wの電子レンジで3〜5分加熱する。

2　油をからめてAを混ぜ、ラップをかけずに電子レンジで7分加熱し、余熱で火を通す。容器をひっくり返して取り出し、切り分ける。好みでトマトケチャップ、黒こしょう、半分に切ったミニトマト、刻んだパセリ各適量をのせる。

大豆製品（豆腐、厚揚げ）、卵

パスタやパン、ごはん、うどんともいけます！

余熱後、半熟なら表面をならして追加で1分加熱を

[ワンプレート朝ごはん]　朝ごはんには、体を温めて目覚めさせる
汁ものを添えるのが◎。1枚のプレートにおかずを
盛り合わせるだけで特別感が出て気分も上がります！

洋風 ハムチーズトーストプレート

🕐 15 min / 479 kcal / 糖質 52.1 g / 塩分 1.9 g　※カフェオレを除く。

ハムチーズトースト

227 kcal / 糖質 28.8 g / 塩分 1.1 g

材料（1人分）

好みのパン…適量
　　（バタールを2切れ使用。
　　バゲットなら3切れほど、
　　食パンなら1枚が目安）
ロースハム…2枚
ピザ用チーズ…15g
黒こしょう…少々

作り方

1 パンにハム、チーズをのせ、オ
ーブントースターでこんがりと焼
き、黒こしょうをふる。

トマたまスープ

82 kcal / 糖質 3.2 g / 塩分 0.7 g

材料（1人分）

A　水…200㎖
　　顆粒コンソメスープの素・
　　　砂糖…各小さじ¼
　　ミニトマト…2個
　　レタス…½枚（ちぎる）
溶き卵…½個分
塩・こしょう…各少々
B　粉チーズ…少々
　　オリーブ油…小さじ½
　　パセリ（みじん切り）・
　　　黒こしょう…各適量

作り方

1 小鍋にAを入れて中火にかけ、煮
立ったら溶き卵を回し入れる。塩、
こしょうで味を調え、Bをふる。

ハニーヨーグルト

170 kcal / 糖質 20.1 g / 塩分 0.1 g

材料（1人分）

水切りヨーグルト（プレーン）
　　…100g〜
バナナ…½本（輪切り）
くるみなどのナッツ
　　（ローストしたもの）…15g（砕く）
はちみつ…小さじ1〜2

作り方

1 器にヨーグルトを盛り、バナナ、
ナッツをのせ、はちみつをかけ
る。

★ 好みでカフェオレ1杯を添える。

32 kcal / 糖質 2.8 g / 塩分 0.0 g

発酵食や
はちみつを使った、
美腸にもいい
メニュー

慌ただしい朝や、疲れて夜遅く帰ったときのごはんは、簡単に作れるのがいちばん！
たんぱく質と野菜が無理なくとれる体にうれしいメニューです。

和風 さけのレンジ蒸しワンプレート

🕐 **10 min** / **353 kcal** / 糖質 **47.3 g** / 塩分 **2.2 g**

さけのレンジ蒸し

160 kcal / 糖質 **6.2 g** / 塩分 **0.6 g**

材料（1人分）

生さけ…1切れ
玉ねぎ…30g（薄切り）
ブロッコリー…30g（小房に分ける）
しめじ…30g（ほぐす）
酒…小さじ1
塩・こしょう・ポン酢しょうゆ…各適量
バター…5g

作り方

1 クッキングシートに玉ねぎ、さけ、ブロッコリー、しめじの順にのせ、酒、塩、こしょうをふる。キャンディ状に包んで耐熱皿にのせ、600Wの電子レンジで3分強加熱する。バターをのせてポン酢をかけ、好みで小ねぎの小口切り、白いりごま各適量をふる。

即席みそ汁

15 kcal / 糖質 **1.6 g** / 塩分 **0.7 g**

材料（1人分）

A 削りがつお…小½パック（1g弱）
　 小ねぎ…5g（小口切り）
　 乾燥わかめ（カットしたもの）…少々
　 みそ…小さじ1
湯…150㎖

作り方

1 椀にAを入れ、湯を注いで混ぜる。

★ 雑穀ご飯100gに塩昆布少々をのせ、半分に切ったミニトマト1個分を添える。

塩昆布添え雑穀ご飯 **175 kcal** / 糖質 **38.8 g** / 塩分 **0.9 g**
ミニトマト **3 kcal** / 糖質 **0.7 g** / 塩分 **0.0 g**

レンチン3分の主菜＋
湯を注ぐだけの
汁でたちまち完成

[ワンボウル夜遅ごはん]　少ないご飯でも満足できるよう、たんぱく質と野菜をプラス。
豆腐などの消化のよい食材を使う、
リゾットなど柔らかく煮た料理にするのがポイントです。

洋風 レンチンワンボウルのミルクリゾット

🕐 10min / 358kcal / 糖質 51.6g / 塩分 1.8g

材料（1人分）

A　ご飯…100g
　　ロースハム…2枚（角切り）
　　玉ねぎ…¼個（みじん切り）
　　しめじ…50g（ほぐす）
　　ブロッコリー… 30g（小房に分ける）
　　顆粒鶏ガラスープの素・しょうゆ
　　　…各小さじ½
　　砂糖…小さじ1
　　牛乳…100ml
　　ピザ用チーズ…15g
塩・こしょう…各少々
ミニトマト…2個（半分に切る）
オリーブ油…少々
パセリ（みじん切りにしたもの）・黒こしょう…各適量

野菜たっぷりだから、夜遅く食べても安心

作り方

1 ボウルに A を混ぜてふんわりとラップをかけ、600W
　の電子レンジで5分加熱する。よく混ぜ、塩、こしょう
　で味を調える。

2 器に盛り、ミニトマトをのせてオリーブ油を回しか
　け、黒こしょう、パセリをふる。

卵や豆腐でたんぱく質が
しっかりとれます

和風 納豆アボカドの豆腐丼

🕐 5min / 534kcal / 糖質 50.0g / 塩分 1.3g

材料（1人分）

雑穀ご飯またはご飯…100g
絹ごし豆腐…50g（角切りにしてからスライスする）
納豆…1パック（20g）
めかぶ…½パック（20g）
A　アボカド…½個（種と皮を取り、軽くつぶす）
　　マヨネーズ…大さじ1
　　砂糖・白だし・しょうゆ…各小さじ1
　　顆粒鶏ガラスープの素…小さじ¼
　　練りわさび…小さじ½
ごま油…小さじ1
卵黄…1個分
小ねぎ（小口に切ったもの）・刻みのり…各適量

作り方

1 ボウルに A を混ぜてディップソースを作る。器にご飯
　を盛り、豆腐、納豆、めかぶ、ソースをのせる。

2 ごま油を回しかけて卵黄をのせ、小ねぎ、のりを散ら
　す。混ぜながら食べる。

PART3

あるものでササッと！
体にうれしい
サブおかず

食卓にもう1品欲しいとき、野菜不足を感じているときに
パパッと作れるサブおかずがずらり。
目にもおいしい、ほめられサラダ＆マリネをはじめ、
野菜などの素材別に、バラエティ豊かに紹介します。
ビタミンやミネラル、食物繊維の補給にぜひ！

アボカド入りで
コクがあるのに
さっぱりした味わい

いろんな素材の
食感が楽しく、
食べごたえも◎

［ ほめられサラダ&マリネ ］

カラフルな野菜を使ったデリ風おかずが集合。
おしゃれで、食卓がパッと華やぐので
おもてなしやホムパにもおすすめです。

アボカド梅ポテサラ

電子レンジ

<u>材料（2人分）</u> ⏱ **10 min**

じゃがいも100g（皮をむいて1cm角に切る）　アボ
カド1個（種と皮を取り、1cm角に切る）　きゅうり1
本（薄い輪切りにし、塩少々でもむ）　A《梅肉30g
（包丁でたたく）　ごま油大さじ1　砂糖・白いりご
ま・マヨネーズ各小さじ2　ポン酢しょうゆ小さ
じ1》　焼きのり適量（ちぎる）

作り方

1　耐熱容器にじゃがいもを入れてふんわりとラッ
プをかけ、600Wの電子レンジで5分加熱する。

2　きゅうりは水気をしぼり、アボカド、Aとともに
1に加え、じゃがいもを軽くつぶしながらあえ
る。のりを散らす。

ザクザク
ビーンズマリネ

フライパン

<u>材料（2人分）</u> ⏱ **10 min**

玉ねぎ½個（みじん切り）　ベーコン2枚（みじん切
り）　にんにく2片（みじん切り）　オリーブ油大さ
じ2　A《めんつゆ（3倍濃縮）・砂糖・レモン汁
各大さじ1》　サラダビーンズ（ドライパック）1パッ
ク（90〜100g）　パセリ5g（みじん切り）　ミニトマ
ト4個（4等分に切る）　塩（ハーブソルト）・こしょう
各少々

作り方

1　油を引いたフライパンに玉ねぎ、ベーコン、にん
にくを入れ、弱火にかけてじわじわと炒め、Aを
加えて混ぜる。

2　1、サラダビーンズ、パセリ、ミニトマトをあえて
塩、こしょうで味を調える。

トマトとアボカドの
ちぎりモッツァレラ
サラダ

材料 (2人分) ⏲ 5 min

トマト1個 (縦半分に切ってスライス) アボカド1個
(種と皮を取ってスライス) モッツァレラチーズ½
個 A《オリーブ油大さじ1 砂糖・しょうゆ各
小さじ1 塩 (ハーブソルト)・こしょう各少々 に
んにくチューブ1cm分》 パセリのみじん切り・黒
こしょう各適量

作り方

1 器にトマト、アボカドを交互に重ねて並べ、チー
ズをちぎってのせる。Aを混ぜたドレッシングを
かけ、パセリ、黒こしょうをふる。

キャベツとしらすの
ペペロンサラダ

材料 (2人分) ⏲ 5 min

キャベツ200g (ざく切り) A《オリーブ油大さ
じ1 砂糖小さじ1 顆粒コンソメスープの素
小さじ½ しらす干し30g 赤唐辛子の輪切り
少々 にんにくチューブ3cm分》 塩・こしょう各
少々

作り方

1 耐熱容器にキャベツを入れてふんわりとラップ
をかけ、600Wの電子レンジで4分加熱する。粗
熱が取れたら水気を軽くしぼり、Aであえ、塩、
こしょうで味を調える。

ほろほろブロッコリーと
ベーコンの
ホットサラダ

材料 (2人分) ⏲ 5 min

ブロッコリー1株 (小房に分ける) ベーコン2枚
(細切り) にんにく1片 (みじん切り) A《サラダ
油・酒・みりん各大さじ1》 ミニトマト4個 (半分
に切る) 塩・こしょう各少々 めんつゆ (3倍濃
縮) 小さじ2

作り方

1 フライパンにブロッコリー、ベーコン、にんにく
を入れてAをかけ、ふたをして弱めの中火にか
ける。4分ほど蒸し焼きにし、ブロッコリーがほ
ろほろにくずれたらミニトマトを加え、塩、こしょ
う、めんつゆで調味する。

彩りよく、きれいに盛って
目にもおいしく

しらすの塩味、
ほどよい辛味で
やみつきに

ブロッコリーが
ほっくり
ジューシー

ほめられサラダ&マリネ

アツアツの
カリカリが
最高においしい！

かりほく
ハッシュドポテト

材料（作りやすい分量） 🕐 **25 min**

じゃがいも4個（約600g/皮をむいて粗みじん切り）
A《酒または水大さじ2　顆粒鶏ガラスープの
素小さじ1　塩少々》　片栗粉大さじ2　サラダ
油約大さじ6

作り方

1　じゃがいもは水にさらさずに耐熱ボウルに入れ
る。**A**を加え、ふんわりとラップをかけて600W
の電子レンジで6分加熱する。片栗粉を加え、
軽くつぶしながら混ぜる。6〜10等分にしてラッ
プで包み、俵形にまとめる（6〜8等分ならほく
ほくタイプ、8〜10等分ならカリカリタイプに仕
上がる/この状態で約2週間冷凍保存可能。揚
げるときは冷凍のまま油に入れる）。

2　フライパンに油を引いて中火にかけ、温まる前
に**1**を入れる。途中で触らず、縁がこんがりとし
てきたら裏返し、両面をカリカリに焼く。好みで
トマトケチャップ、タバスコ®、マスタード各適量
を添える。

ねぎおかかの
和ポテサラ

材料（作りやすい分量） 🕐 **20 min**

じゃがいも3個（約400g/皮をむいて一口大に切る）
長ねぎ½本（みじん切り）　ちくわ（かまぼこでもよ
い）3本（40g/刻む）　むき枝豆適量　**A**《砂糖
小さじ2　めんつゆ（2倍濃縮）・牛乳各大さじ
1》　**B**《白すりごま大さじ1　マヨネーズ大さじ
2〜3　削りがつお小1パック（2〜3g）》　塩・こ
しょう各少々

作り方

1　じゃがいもはさっと洗って水けをきる。耐熱ボ
ウルに入れてふんわりとラップをかけ、600Wの
電子レンジで5分30秒〜6分加熱する。

2　熱いうちに粗くつぶし、長ねぎ、ちくわ、枝豆、
Aを加えてあえる。粗熱が取れたら**B**を混ぜ、
塩、こしょうで味を整える。

味変で柚子こしょうや
わさびを加えても

お好みで黒こしょう、小ねぎを散らしてどうぞ

ポテサラレシピを極めた中でもお気に入りの一品

油が冷たいうちにおじゃがを投入!

じゃが照り

材料（2人分） 15 min

じゃがいも3個（約400g/皮をむいて厚めの拍子木切り） 片栗粉大さじ3 サラダ油大さじ3 A《砂糖・みりん・しょうゆ・マヨネーズ各大さじ1》

作り方

1 ポリ袋にじゃがいも、片栗粉を入れ、空気を入れて口を持ち、袋をふって粉をまぶす。

2 フライパンに油を引いて中火にかけ、温まる前にじゃがいもを広げながら入れる。途中で触らずに4分焼き、裏返してさらに4〜5分焼く。両面がこんがりとしたら、余分な油をペーパータオルでふき取り、Aを加えてからめる。

レモンポテサラ

材料（作りやすい分量） 15 min

じゃがいも大2〜3個（約450g/皮をむいて2cm角に切る） 玉ねぎ½個（約100g/粗みじん切り） ベーコン2枚（細切り） レモン汁大さじ1 A《マヨネーズ大さじ3 めんつゆ（3倍濃縮）大さじ1 砂糖小さじ1》 青じそ5枚（ちぎる）

作り方

1 じゃがいもは耐熱容器に入れる。玉ねぎをのせ、ふんわりとラップをかけて600Wの電子レンジで6分加熱する。

2 熱いうちにベーコンとレモン汁を加え、混ぜながら粗熱を取る。Aと青じそを加えて混ぜる。

じゃが塩から揚げ

材料（2人分） 15 min

じゃがいも2個（皮つきのまま約7mm幅のくし形切り） A《顆粒鶏ガラスープの素大さじ1 砂糖・にんにくチューブ各小さじ1 黒こしょう適量》 片栗粉・サラダ油各適量

作り方

1 ポリ袋にじゃがいもを入れ、Aを加えてまぶす。片栗粉大さじ4を加え、空気を入れて口を持ち、袋をふって粉をまぶす。さらに片栗粉大さじ2を加えてしっかりとまぶす。

2 フライパンに5mmほどの深さに油を入れて弱めの中火にかける。温まる前に1を入れ、全体がこんがりとするまで揚げ焼きにする。

スイートポテトっぽい
ソテー

材料（2人分） ⏱ **15 min**

さつまいも1本（300g/皮つきのまま約7mm幅の輪切り） バター10g **A**《砂糖大さじ1〜 バニラエッセンス約10滴》

作り方

1 フライパンにバターを入れてさつまいもを並べ、中火で焼く。

2 黄色くなって中まで火が通り、両面がこんがりとしたら、**A**を加えてからめる。

口に運ぶとバターとバニラの香りがふわり

ズボラ長いも
チヂミ

材料（直径24cmのフライパン1個分） ⏱ **15 min**

長いも300g（皮をむき、たたきやすい長さに切る） にら½束（約5cm長さに切る） **A**《片栗粉大さじ3 薄力粉大さじ2 顆粒鶏ガラスープの素小さじ½ 砂糖・しょうゆ各小さじ1》 ごま油大さじ1

作り方

1 長いもは厚手のポリ袋に入れ、めん棒などで粗くつぶれるまで強めにたたく。にら、**A**を加えて袋の上からもみ混ぜる。

2 フライパンに油を引き、**1**を袋から出して全体に広げ、中火にかけて焼く。縁が色づき、揺すって動いたら裏返す。両面がきつね色になってカリッと焼けたら器に盛る。好みで、白すりごま大さじ1、ポン酢しょうゆ大さじ2、砂糖小さじ1、刻んだ小ねぎをたっぷり、ラー油適宜を混ぜたたれを添える。

にらはキッチンばさみで
切りながら袋に入れても

バターを全体に行き
渡らせ、じっくり焼いて

焼きすぎて
焦げると苦いので
気をつけて

マヨネーズの半量を
ヨーグルトに変えても!
ヘルシーバージョン

にんじんバター団子

材料(2〜4人分) ⏱ **20** min

にんじん2本(400g/薄めのいちょう切り)　酒大さじ1
A《砂糖小さじ2　こしょう少々　片栗粉大さじ
5》　さけるチーズ2本(それぞれ6等分に切る)　バター
(有塩無塩どちらでも)15g　塩一つまみ

作り方

1　にんじんは耐熱ボウルに入れて酒を回しかけ、ラッ
プをかける。600Wの電子レンジで9分、柔らかくな
るまで加熱する。マッシャーで粗くつぶし、Aを混
ぜる。12等分にしてチーズをうめ、丸く形を整えてフ
ライパンに並べる。バターを加えて弱めの中火にか
け、両面をじっくり焼く。塩をふって食べる。

にんじんかき揚げ

材料(直径24cmのフライパン1個分) ⏱ **25** min

にんじん1本(200g/細切り)　A《薄力粉大さじ
4　片栗粉大さじ3》　水大さじ2　サラダ油約
大さじ5　塩またはだしつゆ適量

作り方

1　ポリ袋ににんじん、Aを入れ、空気を入れて口を持
ち、袋をふって粉をまぶす。水を加えて袋の上から
もみ、もったりとするまで混ぜる。

2　フライパンに油を引いて弱めの中火にかけ、1を袋
から出して平らに広げる。途中で触らず、12分ほど
焼いてカリッとしたら裏返し、きつね色になるまで
さらに10分ほど焼く(焦げないようにときどき様子
を見る)。器に盛り、塩やだしつゆを添える。

にんじんとささみの ごまマヨサラダ

材料(作りやすい分量) ⏱ **15** min

にんじん1本(200g/細切り)　ささみ大3〜4本(250
〜300g)　A《酒大さじ1　砂糖小さじ1　塩・こし
ょう各少々》　B《白すりごま・マヨネーズ各大さじ
3　砂糖・顆粒鶏ガラスープの素・しょうゆ各小さ
じ1　コーン大さじ2〜》　塩・こしょう各少々

作り方

1　耐熱容器にささみを入れてAをふり、にんじん
をのせる。ラップをかけて600Wの電子レンジ
で4分加熱し、粗熱が取れるまでおく。ささみを
取り出して筋やかたいところを除いてほぐし、容
器にもどす。Bを加えてよくあえ、塩、こしょうで
味を調える(約3日冷蔵保存可能)。

ガリバタ新玉ステーキ

材料（2人分） ⏱ **15 min**

新玉ねぎ1〜2個（350g/1㎝弱厚さの輪切り）　片栗粉大さじ2　バター15g　オリーブ油大さじ1　A《にんにく2片（みじん切り）　酒・水・しょうゆ・みりん各大さじ1　砂糖小さじ1》　黒こしょう・小ねぎ（小口切り）・白いりごま各適量

作り方

1 新玉ねぎは両面に片栗粉をまぶす。

2 フライパンにバターを入れて中火にかけ、1を並べる。途中で触らず、こんがりするまで焼いて裏返す。油を加え、両面に焼き目がついたら、**A**を加えて煮つめる。器に盛り、黒こしょう、小ねぎ、白いりごまを散らす。

こんがり焼いたらたれを入れジュワッと煮つめて

新玉リング ズボラタルタル

材料（作りやすい分量） ⏱ **20 min**

新玉ねぎまたは玉ねぎ2個（約1㎝幅の輪切りにし、バラバラにする）　A《薄力粉100g　片栗粉大さじ3　ベーキングパウダー・砂糖各小さじ1》　牛乳150㎖　マヨネーズ大さじ2　サラダ油適量　B《きゅうりなどのピクルス（市販品/みじん切りにしたもの）大さじ2　牛乳大さじ1　マヨネーズ大さじ4　砂糖一つまみ　塩・こしょう各少々》

作り方

1 ポリ袋に**A**を入れ、空気を入れて口を持ち、袋をふる。牛乳、マヨネーズを加えてもみ混ぜる。玉ねぎを加え、空気を入れて口を持ち、やさしくふって衣をからめる。

2 フライパンに5㎜ほどの深さに油を入れて弱めの中火にかける。玉ねぎを入れ、両面がガリガリになるまで揚げ焼きにする（油が少なくなったら足す）。油をきって器に盛り、混ぜた**B**をつけて食べる。好みでタバスコ®を加えたトマトケチャップを添えても。

ポリ袋をガンガンにふると割れてリングじゃなくなります笑

キャベツを冷ましている
間に卵をゆでても

しらすやのり、
鶏ガラスープで
箸が止まらない味

ピザチーズを
バッサーッとかけて
こんがり焼きます

キャベツと卵の
ごまマヨサラダ

電子レンジ

材料（2人分） 🕐 **15 min**

キャベツ500g（ざく切り）　ゆで卵2個（四つ割り）
ハム4枚（短冊切り）　**A**《砂糖小さじ2　顆粒鶏
ガラスープの素小さじ½　しょうゆ・にんにくチュ
ーブ各小さじ1　白すりごま大さじ3　マヨネーズ
大さじ2　ごま油大さじ1》

作り方

1　キャベツは耐熱容器に入れてふんわりとラップ
をかけ、600Wの電子レンジで4〜6分加熱し、
粗熱を取る。水けをしぼり、ゆで卵、ハム、混ぜ
た **A** を合わせてあえる。

春キャベツの
のりしらすナムル

ボウル

材料（2人分） 🕐 **15 min**

春キャベツ½個（400〜500g/太めのせん切り）　塩
小さじ½　しらす干し適量　**A**《焼きのり（全形）
1枚（ちぎる）　白いりごま大さじ1　ごま油大さじ1
顆粒鶏ガラスープの素小さじ½　にんにくチュー
ブ小さじ1　砂糖一つまみ》　黒こしょう適量

作り方

1　キャベツはボウルに入れ、塩をふってしんなりす
るまでもむ。水けをしぼり、しらす大さじ2、**A** を
加えてあえる。器に盛り、しらす適量、黒こしょうを
トッピングする。

春キャベツの
ツナトマト
チーズ焼き

電子レンジ　トースター

材料（2人分） 🕐 **20 min**

春キャベツ½個（約400g/細切り）　トマト2個（角
切り）　ツナ缶1缶（70g/缶汁を軽くきる）　**A**《トマ
トケチャップ大さじ2　マヨネーズ大さじ1　砂
糖・しょうゆ・にんにくチューブ各小さじ1　塩・こ
しょう各少々》　ピザ用チーズ適量

作り方

1　キャベツは耐熱容器に入れてふんわりとラップを
かけ、600Wの電子レンジで4分加熱する。粗熱を
取ってしぼり、トマト、ツナ、**A** を加えて混ぜる。

2　耐熱皿にのせてチーズをたっぷりとかけ、トースタ
ーでこんがりと焼き目がつくまで、5〜10分焼く。

卵そぼろの代わりに、
ツナ、ハム、さけフレーク、
削り節などをかけても

うまみいっぱいの
白菜のしぼり汁を
スープに利用

白菜ザーサイ風&卵スープ

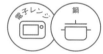

材料（2人分）　⏱ 15 min

白菜¼個（ざく切り）　A 《顆粒鶏ガラスープの素・顆粒和風だしの素各小さじ½　砂糖・酢・しょうゆ・にんにくチューブ各小さじ1　白いりごま・ごま油各大さじ1　こしょう少々　ラー油適量》

卵スープ 卵1個（溶く）　B 《顆粒鶏ガラスープの素小さじ1　乾燥わかめ（カットタイプ）一つまみ〜》　C 《ごま油小さじ1　しょうゆ・こしょう各少々》

作り方

1 白菜は耐熱容器に入れ、ふんわりとラップをかけて600Wの電子レンジで6分加熱する。粗熱が取れたらきつくしぼり（汁は取っておく）、Aをあえる。

2 卵スープを作る。1の白菜のしぼり汁に水（分量外）を合わせて500㎖にし、小鍋に入れる。Bを加えて中火にかけ、沸騰したら、箸などでぐるぐるとかき混ぜながら溶き卵を回し入れ、Cで味を調える。

うそみたいに白菜が食べられるサラダ

材料（2人分）　⏱ 15 min

白菜¼個（1㎝幅のざく切り）　卵2個　A 《マヨネーズ大さじ1　砂糖小さじ1》　白すりごま適量　B 《ごま油大さじ1　砂糖小さじ2　塩昆布15g》　塩・こしょう各少々　焼きのり（全形）2枚（ちぎる）　黒こしょう適量

作り方

1 白菜は芯、葉の順に耐熱ボウルに入れ、ふんわりとラップをかけて600Wの電子レンジで7分加熱し、粗熱を取る。別の耐熱容器に卵を割り入れてAを混ぜ、ラップをかけずに600Wの電子レンジで1分30秒ほど加熱し、ざっくりとくずす。

2 白菜の粗熱が取れたらきつくしぼり、白ごま大さじ3、Bをあえ、塩、こしょうで味を調える。食べる直前にのりを加えてざっくりとあえ、器に盛って1の卵、黒こしょう、白ごま適量をふる（のりをあえない状態で約3日冷蔵保存可能）。

白菜・もやし

もやしと卵で
ボリューミーな
おかずが完成

もやしとはんぺんの
パリパリチーズ焼き。
最強節約おかずです

シャキシャキもやしの ふわたまあん

 フライパン

材料（2人分） ⏲ **15** min

もやし1袋（洗う）　卵3個　A《塩・こしょう各
少々　マヨネーズ小さじ2》　ごま油大さじ2
B《水100ml　砂糖大さじ1　焼き肉のたれ大
さじ2　酢大さじ2　顆粒鶏ガラスープの素小
さじ1》《水小さじ4　片栗粉小さじ2》　小ねぎ
（小口切り）・白いりごま・黒こしょう各適量

作り方

1 もやしはフライパンに入れてかぶるくらいの水
を加え、中火にかける。煮立ったらざるに上げ、
器に盛る。卵はボウルに割りほぐし、A を混ぜ
る。

2 1のフライパンに油を引いて強火にかけ、1の
卵液を入れる。手早く大きく混ぜ、半熟状にな
ったらもやしにのせる。同じフライパンに B を
入れて中火にし、沸騰したら弱火にして水で溶
いた片栗粉を回し入れる。とろみがついたら卵
にかけ、小ねぎ、白いりごま、黒こしょうをふる。

もやぺんチーズ

 ポリ袋　フライパン

材料（2人分） ⏲ **15** min

もやし1袋（洗う）　A《はんぺん1枚（ちぎる）　小
ねぎ適量（小口切り）　ピザ用チーズ大さじ4〜
顆粒鶏ガラスープの素小さじ1　片栗粉大さじ2
マヨネーズ大さじ1》　ごま油大さじ1　ぎょうざ
の皮14枚　ロースハム4枚　青じそ5枚

作り方

1 もやしはポリ袋に入れ、袋の上から手でバキバ
キに折り、A を加えて混ぜながらはんぺんをつ
ぶす。

2 フライパンに油を引き、ぎょうざの皮7枚をずら
しながら丸く並べる。同様に、ハム、1のたね、
青じそ、残りのぎょうざの皮を順に重ねる。弱め
の中火にかけ、端がこんがりとしてきたら裏返
し、フライ返しで押しつけながら、焼き目がつく
まで焼く。ラー油を加えたポン酢しょうゆなど、
好みのたれを添える（ソース+マヨネーズ、スイー
トチリソース+マヨネーズなどもおすすめ）。

ご飯にオンが本当においしい。最後は汁ごとそうめんに

ラー油も合うので
お好みでプラスしても

オクラの水けをしっかり
ふいて油ハネ防止

ドロボーきゅうり漬け

保存容器

材料（作りやすい分量）　⏱ **10 min** ※漬ける時間を除く。

きゅうり2本（蛇腹切りにして2〜3cm長さに切る）
A《砂糖大さじ1　しょうゆ大さじ3　水大さじ2　ごま油大さじ1　赤唐辛子少々（輪切り）　顆粒鶏ガラスープの素小さじ1　にんにくチューブ・しょうがチューブ各小さじ1　小ねぎ約30g（小口切り）　白いりごま適量》

作り方

1 保存容器（またはジッパー付き保存袋）にAを入れて混ぜ、きゅうりを漬ける。冷蔵で2時間以上漬けると味がなじむ（約4日冷蔵保存可能）。

冷やし
たこキューナムル

ポリ袋

材料（2〜4人分）　⏱ **10 min** ※冷やす時間を除く。

きゅうり1本（3〜4cm長さに切る）　ゆでたこ100g（薄めのそぎ切り）　A《小ねぎ5本（小口切り）　レモン汁大さじ1　しょうゆ大さじ1　顆粒鶏ガラスープの素小さじ2　にんにくチューブ小さじ1》　小ねぎ（小口切り）・白いりごま・糸唐辛子各適量

作り方

1 きゅうりはポリ袋に入れ、袋の上からめん棒などでたたく。たこ、Aを加えてあえる。

2 食べる直前まで冷蔵庫で冷やして器に盛り、小ねぎ、白いりごま、糸唐辛子をトッピングする。

フライド塩オクラ

ポリ袋　フライパン

材料（2人分）　⏱ **20 min**

オクラ2袋（塩少々で板ずりして洗い、水けをよくふき取る。へたとがくを除き、2〜3等分に切る）　A《顆粒鶏ガラスープの素小さじ2　砂糖小さじ1　酒小さじ2》　片栗粉適量　サラダ油大さじ4〜

作り方

1 ポリ袋にオクラ、Aを入れて軽くもむ。なじんだら片栗粉大さじ3を加え、空気を入れて袋をふり、粉をまぶす。片栗粉大さじ1を加えてさらにまぶす。

2 フライパンに油を引いて弱めの中火にかけ、オクラを揚げ焼きにする。途中触らず、衣が固まって色づいたら上下を返す。全体がカリカリになったら、油をきる。

パスタのソースに、
ご飯にのせてドリアにも

なすとズッキーニの 冷製カポナータ

フライパン

材料（作りやすい分量） 🕐 **20 min** ※冷やす時間を除く。

なす2本（約1cm幅の輪切りにし、塩一つまみを加えた水にさらし、水けをよくふき取る）　ズッキーニ1本（皮を縞目にむき、約1cm幅の輪切り）　A《オリーブ油大さじ2　ハム、ベーコンなどの肉加工品50g〜（粗みじん切り）　にんにく2片（粗みじん切り）》　トマト1個（200g/角切り）　B《トマトケチャップ大さじ2　顆粒コンソメスープの素小さじ1　砂糖小さじ2　めんつゆ（2倍濃縮）小さじ2　赤唐辛子少々　酒50ml》　塩・こしょう各少々　オリーブ油大さじ1　黒こしょう適量

作り方

1 フライパンにAを入れて中火にかける。香りが立ったら、なす、ズッキーニを加えて炒める。しんなりしたらトマトとBを加えて混ぜる。ふたをして弱めの中火にし、5分ほど蒸し煮にする。

2 ふたを取って2〜3分煮つめ、煮汁にとろみがついたら、塩、こしょうをふる。保存容器に入れ、オリーブ油をかけ、黒こしょうをふる。粗熱が取れたら冷蔵庫で冷やす（3〜5日冷蔵保存可能）。

よだれなす

電子レンジ

材料（2人分） 🕐 **15 min**

なす3本（皮を縞目にむいてさっと洗う）　長ねぎ10cm（みじん切り）　にんにく1片（みじん切り）　しょうが1片（みじん切り）　A《しょうゆ大さじ1　砂糖・白いりごま・酢・ごま油各小さじ1　豆板醤小さじ½》　小ねぎ適量（小口切り）

作り方

1 耐熱皿になすをのせ、ふんわりとラップをかけて600Wの電子レンジで4〜5分加熱する。柔らかくなったら粗熱を取る。別の耐熱容器に長ねぎ、にんにく、しょうがを入れ、ラップをかけずに600Wの電子レンジで1分加熱し、Aを混ぜてたれを作る。

2 なすを一口大に切って器に盛り、たれをかけて小ねぎを散らす。

レンジで一発!
キンキンに冷やしても◎

メープル＆クリチの
組み合わせが最高の
デザートサラダ

おデザサラダ

材料（作りやすい分量）　🕐 **15 min**

かぼちゃ ¼個（約400g/種とわたを取る）　酒大さ
じ1　A《メープルシロップ大さじ1　めんつゆ
（3倍濃縮）小さじ1　サラダ油小さじ2　塩・こし
ょう各少々》　クリームチーズ約90g

作り方

1 耐熱容器にかぼちゃを入れて酒をふり、ふんわ
りとラップをかけて600Wの電子レンジで6分
30秒ほど、竹串がスッと通るまで加熱する。素
手で触れるまで冷めたら、皮を切り落としなが
ら一口大に切る。

2 Aを加えてつぶしながら混ぜ、クリームチーズを
ちぎりながら加えて混ぜる。器に盛り、好みでナ
ッツ、レーズン、黒こしょう各適量をトッピング
する。

塩カラメルパンプキン

材料（2人分）　🕐 **15 min**

かぼちゃ ¼個（約400g/種とわたを取って長さを3等
分にし、約1cm厚さに切る）　バター 20g　砂糖大
さじ2　塩一つまみ

作り方

1 フライパンにバターを溶かし、かぼちゃを並べ
る。弱めの中火で、途中触らず、じっくりと焼
く。こんがりとしたら裏返し、両面が焼けたら余
分な脂をペーパータオルでふく。

2 砂糖を加えてしっかりと溶かしからめ、塩をふる
（約3日冷蔵保存可能）。

チョコ、クリームチーズ、
バニラアイスとも好相性

ピザポテ ピーマンチーズ 焼き

材料（作りやすい分量）　🕙 20 min

ピーマン2袋（小8個／縦半分に切り、種とわたを取る）
じゃがいも小2個（約200g／皮をむいて一口大に切る）
玉ねぎ¼個（薄切り）　ロースハム（ベーコンやウインナーでもよい）4枚（角切り）　A《トマトケチャップ大さじ2　マヨネーズ大さじ4　砂糖小さじ1　塩・こしょう各少々》　ピザ用チーズ適量

作り方

1 耐熱容器にじゃがいもを入れ、ふんわりとラップをかけて600Wの電子レンジで5分30秒加熱する。熱いうちに粗くつぶし、玉ねぎ、ハムを加えてあえる。Aを加えて混ぜ、ピーマンに¹⁄₁₆量ずつ詰める。アルミホイルを敷いた天板に並べ、チーズをたっぷりとかける。

2 1000Wのオーブントースターで5〜10分、焦げ目がつくまで焼く。好みで、黒こしょうやタバスコ®適量をふる。

ピーマンにピザポテトを
詰めてトースター焼きに

うま辛 しゃぶりもろこし

材料（2〜4人分）　🕙 20 min

とうもろこし小2本（長さを3等分に切り、四つ割りにする。かたいので滑らないように注意。テコの原理で、刃先を支点に力を入れると切りやすい）　片栗粉大さじ3　サラダ油大さじ3　A《砂糖大さじ1　酒・みりん・しょうゆ各大さじ2　豆板醤小さじ½〜　にんにくチューブ小さじ1》　黒こしょう・白いりごま各適量

作り方

1 ポリ袋にとうもろこし、片栗粉を入れ、空気を入れて口を持ち、袋をふって粉をまぶす。

2 フライパンに 1 を並べて油を回しかけ、中火で焼く。全体がこんがりと焼けたら火を止め、Aを加えて再び火にかけ、煮からめる。仕上げに黒こしょう、白いりごまを散らす。

指までしゃぶれる
心躍る!!
とうもろこし♡

ごま油やにんにくの
風味が後を引きます

トマトときゅうりの
韓国風サラダ

材料（2人分）　🕐 10 min

トマト1個（角切り）　きゅうり1本（角切り）　A《白
すりごま大さじ1　ごま油大さじ1　ポン酢しょ
うゆ大さじ1　顆粒鶏ガラスープの素小さじ½
砂糖小さじ2　にんにくチューブ3㎝分》　塩・
こしょう各適量　韓国のり適量

作り方

1　ボウルにトマト、きゅうりを入れ、A を加えてあ
　　える。

2　塩、こしょうで味を調え、韓国のりを散らす。

アボカドと
モッツァレラの
薬味まみれつまみあえ

材料（2人分）　🕐 10 min

アボカド1個（種と皮を除いて一口大の角切り）　モ
ッツァレラチーズ1個（90g／ちぎる）　A《しょう
ゆ大さじ1　オリーブ油大さじ2　わさびチュー
ブ小さじ1～2》　しらす干し・削り節各適量
小ねぎ3本（小口切り）

作り方

1　ボウルに A を入れて混ぜ、アボカドとチーズを加
　　えてあえる。

2　器に盛り、たっぷりのしらすと削り節をのせ、小
　　ねぎを散らす。

しらすや削り節を
まみれさせて召し上がれ

好みで塩、黒こしょう、
ちょいめんつゆも美味

アボわさから揚げ

材料（2人分）　🕐 20 min

アボカド大1個（または小2個／種と皮を除いて一口大
の角切り）　A《顆粒鶏ガラスープの素小さじ½
砂糖小さじ1　わさびチューブ小さじ1　しょうゆ
大さじ1》　片栗粉大さじ4～　サラダ油適量

作り方

1　ポリ袋にアボカド、A を入れてあえ、10分おく。別
　　のポリ袋に片栗粉を入れ、アボカドの汁けを軽く
　　きって移す。空気を入れて口を持ち、袋をふって粉
　　をまぶす。フライパンに多めの油を入れてアボカ
　　ドを並べる。中火にかけ、全体がカリッときつね
　　色になるまで揚げ焼きにする。

野菜はゆでずに
チンしてあえ衣と
あえるだけ

小松菜とにんじんの ごまあえ

電子レンジ

材料（2人分）　🕐 10 min

小松菜1袋（150g/ざく切り）　にんじん¼本（約50g/拍子木切り）　A《白すりごま大さじ5　顆粒和風だしの素一つまみ　砂糖小さじ2　しょうゆ小さじ2》

作り方

1 耐熱容器ににんじん、小松菜を順に入れ、ふんわりとラップをかけて600Wの電子レンジで3分加熱する。

2 粗熱を取って水けをきり、A を加えてあえる。

困ったときの 中華あんかけ

フライパン

材料（2人分）　🕐 15 min

小松菜1袋（150g/ざく切り）　ごま油大さじ1　豚こま切れ肉100g〜　A《砂糖小さじ1　顆粒鶏ガラスープの素小さじ2　片栗粉・みりん・しょうゆ各大さじ1　水200㎖》　塩・こしょう各少々

作り方

1 A は混ぜる。深めのフライパンに油を引き、豚肉、小松菜の茎、あれば拍子木切りにしたにんじん50gを入れる。中火で炒め、油が回ったら葉も加える。しんなりしたら、A をもう一度混ぜてから加え、混ぜながら煮込む。とろみがついたら、塩、こしょうで味を調える。好みで小ねぎの小口切り、ラー油、七味唐辛子各適量をふる。

中華丼やあんかけうどん、
かた焼きそばにも使える

おにぎりに利用しても。
パスタ、うどんにも○

菜飯ふりかけ

フライパン

材料（ご飯2合分）　🕐 10 min

小松菜大1袋（200g/細切り）　ごま油大さじ1　A《顆粒和風だしの素小さじ1　白いりごま大さじ2　白すりごま大さじ1　塩昆布15g（顆粒鶏ガラスープの素または塩小さじ½〜1で代用可）》

作り方

1 フライパンに油を引き、小松菜を入れて中火で炒める。

2 しんなりしたら A を加え、水分が飛ぶまで炒め合わせる（4〜5日冷蔵保存可能/約1か月冷凍保存可能）。

ブロッコリーの ツナマヨあえ

材料（作りやすい分量）　⏱ **10 min**

ブロッコリー小1株（小さめの小房に分け、芯はかたい部分を除いて角切り）　**A**《塩一つまみ　酒小さじ2》　**B**《ツナ水煮缶1缶（70g/缶汁を軽くきる）白すりごま・マヨネーズ各大さじ3　砂糖小さじ2　顆粒鶏ガラスープの素小さじ1　めんつゆ（3倍濃縮）小さじ1》　塩・こしょう各少々　小ねぎ（小口切り）・白いりごま・刻みのり各適量

作り方

1 耐熱容器にブロッコリーを入れて **A** をふり、ふんわりとラップをかけて600Wの電子レンジで4〜5分加熱する。粗熱が取れたら **B** を加え、軽くくずしながらよくあえる。

2 塩、こしょうで味を調え、器に盛って小ねぎ、白いりごま、のりを散らす。

のり必須！
もみのり、味のりでもOK

ブロッコリーの 塩昆布ナムル

材料（作りやすい分量）　⏱ **10 min**

ブロッコリー小1株（小さめの小房に分け、芯はかたい部分を除いて角切り）　**A**《塩一つまみ　酒小さじ2》　**B**《塩昆布10g　砂糖小さじ2　顆粒鶏ガラスープの素小さじ½　ごま油大さじ1　小ねぎ10g（小口切り）　白いりごま小さじ2》　塩・こしょう各少々

作り方

1 耐熱容器にブロッコリーを入れて **A** をふり、ふんわりとラップをかけて600Wの電子レンジで4〜5分加熱する（ゆでてもよい）。

2 粗熱が取れたら **B** を加え、軽くくずしながらよくあえる。塩、こしょうで味を調え、好みでラー油適量をかける。

塩昆布のうまみと塩味で
もりもりいける！

ケチャップをつけて
食べても美味

黒こしょうを
パラリとふって
味を引き締めても

外カリッ中ジュワ!!
大根がめちゃくちゃ
おいしくなります

カリもち大根ガレット

フライパン

材料（2〜4人分）　⏱ **15** min

大根大¼本（約400g/皮をむいてスライサーなどでせん切り）　**A**《片栗粉大さじ5　顆粒コンソメスープの素小さじ1　ピザ用チーズ一つかみ(30g)》サラダ油大さじ2

作り方

1 フライパンに大根、**A** を入れて混ぜ、全体に広げる。油を回しかけ、中火で5分ほど焼いて裏返し、弱めの中火にして4分ほど、カリッと焼く。

切り干し大根の
かにかまサラダ

電子レンジ

材料（2人分）　⏱ **10** min

切り干し大根30g（さっと洗う）　玉ねぎ½個（薄切り）水100㎖　むき枝豆大さじ2　かに風味かまぼこ6本（ほぐす）　**A**《白すりごま・マヨネーズ各大さじ2　めんつゆ（3倍濃縮）小さじ2》

作り方

1 耐熱容器に切り干し大根、玉ねぎ、水を入れ、ふんわりとラップをかけて600Wの電子レンジで3分30秒加熱する。

2 枝豆を加えて混ぜ、冷めたらかにかま、**A** を加えてあえる。

カリジュワ
フライド大根

ポリ袋　フライパン

材料（2人分）　⏱ **15** min

大根¼本（約350g/皮をむいて1㎝角の拍子木切り）**A**《しょうゆ大さじ1　顆粒コンソメスープの素小さじ1　にんにくチューブ小さじ1　しょうがチューブ小さじ1》　片栗粉大さじ4　薄力粉大さじ3　サラダ油適量

作り方

1 ポリ袋に大根を入れ、**A** を加えてもむ。別のポリ袋に片栗粉、薄力粉を入れ、汁けをきった大根を移す。空気を入れて口を持ち、袋をふって粉をまぶす。

2 フライパンに1㎝の深さに油を入れて中火で熱し、**1** をときどき返しながら5〜6分、こんがりするまで揚げ焼きにする。カリッとしたら油をきる。

刻んでオムレツや
だし巻きに加えても
チーズとも相性よし

薄茶色になったら
裏返すタイミング

お好みでケチャップ、
マスタードを添えて

れんこん
そぼろきんぴら

フライパン

材料（4人分）　🕐 15 min

れんこん1節（約200g/皮をむいて好みの厚さのいちょう切り）　にんじん½本（好みの厚さのいちょう切り）合いびき肉200g　サラダ油小さじ1　A《酒・みりん各大さじ1と½　しょうゆ大さじ2　砂糖小さじ2　酢小さじ1》

作り方

1　フライパンに油を引いてひき肉を入れ、中火にかける。途中触らず、焼き色がついたら裏返し、れんこん、にんじんを加える。肉をほぐしながら炒め合わせ、肉の色が変わったらA、好みで赤唐辛子の輪切り少々を加える。弱めの中火にし、汁けが少なくなるまで炒める（約5日冷蔵保存可能/約1か月冷凍保存可能）。

れんこんの
磯辺チップス

ポリ袋　フライパン

材料（2人分）　🕐 20 min

れんこん200g（皮をむいて5mm厚さの薄切り）　A《片栗粉大さじ2　青のり大さじ1　顆粒鶏ガラスープの素小さじ1》　サラダ油大さじ2

作り方

1　ポリ袋にれんこん、Aを入れ、空気を入れて口を持ち、袋をふって粉をまぶす。

2　フライパンに油を引いて1を並べる。弱火でじっくりと焼き、薄茶色になったら裏返す。両面がカリッとしたら、油をきる。

ハッシュドれんこん

フライパン

材料（6個分）　🕐 20 min

れんこん大1節（300g/約⅓量をすりおろし、残りは粗みじん切りにする）　A《塩・顆粒コンソメスープの素各一つまみ　片栗粉大さじ4》　サラダ油大さじ5〜

作り方

1　れんこんとAを混ぜ、油を入れて中火にかけたフライパンにスプーンで落とし入れる。触らずに焼き、固まって縁がこんがりしてきたら裏返す。両面がカリッときつね色になったら油をきる。

パンチのある味わいで
おつまみにもGOOD

海藻＋こんにゃく＋
根菜で食物繊維たっぷり

枝豆やチーズ、
刻んだ青じそなどと
トッピングしても

ガーリックコンソメ
えのき

材料（2人分）　⏱ 15 min

えのきだけ1袋（根元を1㎝ほど切り落とし、平たい束
になるように細かくほぐす）　A《顆粒コンソメスー
プの素小さじ2　にんにくチューブ小さじ2　片
栗粉大さじ3》　サラダ油適量

作り方

1 バットなどにえのきだけを広げ、Aを加えて全体
にこすりつける。フライパンに5㎜深さに油を入
れて弱めの中火にかけ、えのきだけを並べる。途
中触らず、ひと回り縮み、こんがりとしたら裏返
す。両面をカリッと揚げ焼きにし、網などに立て
かけて油をきる。

五目きんぴら

材料（作りやすい分量）　⏱ 15 min

A《芽ひじき（乾燥）10g（水につけてもどす）　糸
こんにゃく1袋（食べやすい長さに切る）　ごぼう1本
（100g/皮をこそげて細切り）　にんじん¼本（50g/細
切り）》　さつま揚げ（いか入りなど）2〜3枚（約1㎝
幅に切る）　ごま油大さじ1　B《砂糖大さじ2
酒大さじ2　みりん大さじ2　しょうゆ大さじ1と
½　顆粒和風だしの素小さじ½　赤唐辛子1本〜
（半分にして種を取る）》　白いりごま少々

作り方

1 フライパンに油を引き、Aを入れて弱めの中火
で3分30秒ほど炒める。全体に油がまわり、糸
こんにゃくがチリチリとしてきたらB、さつま揚
げを加える。ときどき混ぜながら4分ほど炒め煮
にし、汁けがほとんどなくなったら器に盛り、白
いりごまを散らす。

手作り
ソフトひじきふりかけ

材料（作りやすい分量）　⏱ 15 min

芽ひじき（乾燥）20g（ひたひたの水につけてもどす）
A《砂糖・みりん・しょうゆ各大さじ2》　B《削
りがつお小2パック（4g）　白いりごま・白すりご
ま各大さじ2》

作り方

1 フライパンにひじきを入れ、中火で1分ほど炒
る。水分が飛んだらAを加え、汁けがほとんど
なくなるまで炒め、Bを加えて混ぜる（約1週間
冷蔵保存可能/約1か月冷凍保存可能）。

れんこんやごぼうの
素揚げをトッピングしても

具材のうまみを吸った、
とろけるポテトが
たまりません

とろとろポテトの
キャベツスープ

🕐 **20**min / **179**kcal / 糖質 **19.9**g / 塩分 **1.3**g

材料（2～3人分）

じゃがいも…小2個（200g/皮をむいて角切り）
キャベツ…200g（ざく切り）
玉ねぎ…½個（ざく切り）
ベーコン…2枚（短冊切り）
オリーブ油・みりん…各大さじ1
酒…大さじ2
A ┃ 顆粒コンソメスープの素…小さじ2
　 ┃ しょうゆ…小さじ1
　 ┃ 水…500㎖
塩・黒こしょう…各少々

作り方

1 鍋に油を引いてじゃがいも、玉ねぎ、ベーコン、
キャベツの順に重ね入れる。酒とみりんを回し
かけてふたをし、弱めの中火にかけて8分ほど
蒸し煮にする。

2 ふたを取ってざっくりと上下を返し、A を加えて
中火で5分ほど煮る。塩、黒こしょうで味を調え
る。

ベーコンマッシュ
チャウダー

🕐 **15**min / **210**kcal / 糖質 **17.9**g / 塩分 **0.7**g

材料（2～3人分）

好みのきのこ…150g（食べやすい大きさに切る）
ベーコン…3枚（短冊切り）
玉ねぎ…½個（薄切り）
薄力粉…大さじ2
A ┃ 牛乳…350㎖
　 ┃ 顆粒コンソメスープの素…小さじ1
　 ┃ バター…15g
ピザ用チーズ…一つかみ（30g）
塩・こしょう…各少々

作り方

1 大きめの耐熱容器（容量1100㎖。耐熱ボウル
でもよい）にきのこ、ベーコン、玉ねぎを入れ、
薄力粉をしっかりと混ぜる。

2 A を加えてふんわりとラップをかけ、600Wの
電子レンジで7分30秒加熱する。

3 チーズを混ぜ、塩、こしょうで味を調える。好み
でパセリのみじん切り、黒こしょう、とびこ各適
量をふる。

※カロリー、糖質、塩分は、材料を3人分とした場合の1人分の数値です。

胃腸に負担をかけず、食材の栄養を余さずとれるのがスープのいいところ。
疲れたときや忙しいときにうれしい、簡単レシピを紹介します。

具だくさんで大満足。
冷やして食べるのも
おすすめ

5分で即席！
ナッツはぜひ、
トッピングして

茶碗蒸しスープ

電子レンジ

🕐 20min / 111kcal / 糖質 5.1g / 塩分 1.0g

材料（2〜3人分）

かまぼこ…½本（50g/一口大に切る）
かに風味かまぼこ…5本〜（一口大に切る）
ささみ…2本（一口大に切る）
冷凍むき枝豆（解凍し、さやから出したもの）
　…大さじ3
ゆでたけのこ…適量（一口大に切る）
A｜卵…2個
　｜水…300㎖
　｜白だし…大さじ3
　｜砂糖…小さじ1
小ねぎまたは長ねぎ…適量（小口切り）

作り方

1　Aを混ぜる（卵液をこせば、よりなめらかな口あ
　たりに）。

2　耐熱容器4つに具材と1を等分に入れ、ふんわ
　りとラップをかけ、600Wの電子レンジで4〜6
　分加熱する。卵が固まってきて半熟状になった
　ら、200Wで5〜7分加熱する（器の大きさや厚
　さによって誤差があるので、卵がフルフルした状
　態になるのを目安に加熱する）。

担々菜スープ

鍋

🕐 5min / 233kcal / 糖質 9.2g / 塩分 1.6g

材料（2〜3人分）

合いびき肉（豚ひき肉でもよい）…100g〜
カット野菜ミックス…1袋（もやし、にらなど200g）
ごま油…小さじ2
にんにくチューブ・しょうがチューブ…各3㎝分
A｜みそ…大さじ1
　｜白すりごま…大さじ2
　｜顆粒鶏ガラスープの素・砂糖・しょうゆ
　｜　…各小さじ1
　｜豆板醬…小さじ½〜
無調整豆乳または牛乳…400㎖
塩・こしょう…各少々

作り方

1　鍋に油を引いて中火にかけ、ひき肉とにんにく、
　しょうがを炒める。肉の色が変わったら野菜ミ
　ックス、Aを加え、豆乳を注ぎ、中火で軽く煮
　る。

2　野菜に火が通ったら、塩、こしょうで味を調え
　る。好みで小ねぎの小口切り、ラー油、砕いたナ
　ッツ各適量をトッピングする。

自家製クルトンを
トッピングして
ぜひどうぞ♪

牛乳とオイスターソースで
あっという間にちゃんぽん風!

冷製かぼちゃスープ

🕐 **10 min** / **172 kcal** / 糖質 **22 g** / 塩分 **0.7 g**
※冷やす時間は除く。

材料（2〜3人分）

かぼちゃ…¼個
　（皮を切り落とし、2㎝角くらいに切る）
酒…大さじ1
A │ バター（マーガリンでもよい）…20g
　│ 顆粒コンソメスープの素…小さじ1
　│ 牛乳…300㎖
塩・こしょう…各少々

作り方

1 耐熱容器にかぼちゃ、酒を入れてふんわりとラ
　ップをかけ、600Wの電子レンジで5分30秒加
　熱する。熱いうちにつぶし、Aを混ぜる。塩、こ
　しょうで味を調え、冷蔵庫で冷やす（約3日冷
　蔵保存可能）。好みでクルトン、パセリのみじん
　切り、黒こしょう各適量をトッピングする。

自家製クルトンの材料（作りやすい分量）と作り方

食パン½枚をサイコロ状に切り、オリーブ油小さじ2とハ
ーブソルト少々をまぶす。オーブントースターで5分ほどこ
んがりと焼く。

★途中で色づいたらひっくり返すと、均一にカリカリして
　おいしいです!

ちゃんぽん風
春雨スープ

🕐 **10 min** / **209 kcal** / 糖質 **18.7 g** / 塩分 **1.4 g**

材料（2〜3人分）

カット野菜ミックス…1袋（もやし、キャベツ、
　にら、玉ねぎ、にんじんなど200g）
かまぼこ…½本（50g/一口大の薄切り）
豚バラ薄切り肉…100g（5㎝幅切る）
冷凍シーフードミックス…約100g
春雨…30g（水でさっとぬらして半分に切る）
A │ 水…400㎖
　│ 砂糖…小さじ1
　│ 顆粒鶏ガラスープの素・オイスターソース
　│ 　…各小さじ2
　│ しょうがチューブ…3㎝分
B │ 牛乳…200㎖
　│ ごま油…小さじ2
塩・こしょう…各少々

作り方

1 鍋に野菜、かまぼこ、豚肉、凍ったままのシーフー
　ドミックスを入れ、Aを加えて中火にかけ、沸騰し
　たら春雨をほぐして混ぜる。ふたをして弱めの中
　火で5分ほど煮、Bを加えて3分ほど煮る。味をみ
　て塩、こしょうで調え、好みでコーン、小ねぎの小
　口切り、白いりごま各適量をトッピングする。

PART4

へとへとでも作れる！ラクチンワンディッシュ

家事や仕事でへとへとに疲れていても、
ちゃんとおいしいごはんが食べたい。
そんなときにお役立ちの、ひと皿で大満足できる
ご飯もの＆麺のメニューをセレクトしました。
レンジや炊飯器まかせ作れるなど、どれも簡単です。

まるっと炊き込むにんじん鶏めし

炊飯器

材料（2合分）🕐 70 min ※ざるにあげる時間を除く。

米…2合
　（研いでざるにあげる。炊く30分前に行うとよい）
A｜酒…大さじ2
　｜みりん…大さじ2
　｜しょうゆ…大さじ1と½
　｜砂糖…小さじ2
　｜顆粒和風だしの素…小さじ1
鶏もも肉…1枚
にんじん…1本
しめじ…½パック（100g/石づきを取ってほぐす）

作り方

1 炊飯器に米、Aを入れ、2合の目盛りまで水を入れて混ぜる。鶏肉、にんじん、しめじをのせて普通に炊く（炊き込みモードでもよい）。

2 炊き上がったら、そのまま10分蒸らす。鶏肉とにんじんをしゃもじなどでくずしながら混ぜる（キッチンばさみも使うと手早く仕上がる）。

3 塩（分量外）で味を調え、好みで小ねぎの小口切り適量を散らす（おにぎりにして2〜3週間冷凍保存可能。600Wの電子レンジで2〜4分加熱して解凍する。途中裏返すと均等に温まる）。

包丁を使わず具は
ドドーンと豪快に。
これ一品で大満足！

ひじきの五目炊き込みご飯

炊飯器

材料（2合分）　⏱ **70 min** ※ざるにあげる時間を除く。

米…2合
　（研いでざるにあげる。炊く30分前に行うとよい）
A ┃ 酒・みりん・しょうゆ…各大さじ2
　　┃ 砂糖…小さじ1
　　┃ 顆粒和風だしの素…小さじ1
　　┃ 顆粒鶏ガラスープの素…小さじ1
にんじん…小½本（約70g/細切り）
油揚げ…1枚（短冊切り）
しいたけ…2枚（約50g/薄切り）
芽ひじき（乾燥）…7〜10g（水でさっと洗う）
大豆水煮（または蒸し大豆）…1パック（90〜100g）
ツナ缶…1缶（70g/缶汁を軽くきる）

作り方

1 炊飯器に米、**A** を入れ、2合の目盛りまで水を入れて混ぜる（土鍋の場合は、**A** に水を合わせて400mlにして入れる）。

2 にんじん、油揚げ、しいたけ、芽ひじき、大豆、ツナをのせ、普通に炊く（土鍋の場合は、沸騰後、弱火で15〜20分炊く）。

3 炊き上がったら、そのまま10分ほど蒸らす。さっくりとほぐして器に盛り、好みでねぎの小口切り適量を散らす。

さけ天クリームチーズの混ぜ込みご飯

ボウル

材料（2人分）　⏱ **15 min**

温かいご飯…1合分（約350g）
焼いたさけ（甘口）
　…1切れ（約80g/皮と骨を取ってほぐす）
天かす…大さじ2
めんつゆ（2倍濃縮）…大さじ1
クリームチーズ…30g（5〜6等分にちぎる）
A ┃ 白いりごま…小さじ2
　　┃ 砂糖…小さじ1
　　┃ マヨネーズ…小さじ1

★さけは、さけフレーク大さじ2〜3で代用可。

作り方

1 天かすにめんつゆをふってふやかす。

2 ボウルにご飯、さけ、1、チーズ、**A** を入れ、しゃもじなどで切るようにさっくりと混ぜる。

3 まんべんなく混ぜたら器に盛る（おにぎりにして2〜3週間冷凍保存可能。600Wの電子レンジで2〜4分加熱して解凍する。途中裏返すと均等に温まる）。

うまみが爆発!!
スイッチポンで
ごちそうご飯☆

3つの具材の
組み合わせが神!!
味のバランスも絶妙

ご飯

10分後には「いただきます」のスピードメニュー

にら玉丼

フライパン

材料（2人分）　⏱ **10 min**

温かいご飯…どんぶり2杯分
にら…1束（3cm長さに切る）
卵…3個
A ┃ マヨネーズ…大さじ1
　　┃ 塩・こしょう…各少々
B ┃ 焼肉のたれ…大さじ2
　　┃ 砂糖…小さじ1
サラダ油…大さじ1

作り方

1 ボウルに卵を割り入れ、**A**を加えて混ぜる。フライパンに油を引いて中火にかけ、にらを入れて1分ほど炒める。**B**を加えてさっと混ぜ、卵液を回しながら加える。ゆっくりと混ぜて半熟状にし、器に盛ったご飯にのせる。

タコライス

フライパン

材料（2人分+ミートソース2人分）　⏱ **20 min**

温かいご飯…300g
合いびき肉…300g
オリーブ油…小さじ2
A ┃ にんにく…2片（粗みじん切り）
　　┃ 玉ねぎ…1個（粗みじん切り）
　　┃ にんじん…½本（約100g/粗みじん切り）
ピーマン…2〜3個（へたと種を取って粗みじん切り）
B ┃ 薄力粉…大さじ1
　　┃ 酒…大さじ2
　　┃ 塩・こしょう…各少々
　　┃ ナツメグ…あれば少々
C ┃ 砂糖…大さじ1
　　┃ ウスターソース…大さじ2
　　┃ トマトケチャップ…大さじ4
　　┃ 顆粒コンソメスープの素・しょうゆ…各小さじ1
カレー粉…小さじ1〜2
ピザ用チーズ…適量

作り方

1 フライパンに油、**A**を入れて中火で炒め、しんなりしたらひき肉、ピーマンを加えて炒める。肉の色が変わったら**B**を混ぜ、粉っぽさがなくなるまで炒める。**C**を混ぜ、塩、こしょう（分量外）で味を調える（ミートソースの完成。半量を取り出して保存容器に入れる）。フライパンの残りにカレー粉を混ぜ、タコミートを作る。

2 器にご飯を盛り、チーズ、タコミートをのせ、好みの野菜をトッピングする。

★ミートソース、タコミートは冷蔵で約3日、冷凍で約3週間保存可能。

ミートソースとタコミートを一度に作ります

大好きなものばかりの
おにぎり変わり種
レシピです

おにぎりバリエ4種

材料（4種×各3個分）　🕐 **30 min**

温かいご飯…3合分（約1050g）
各種おにぎりの具…全量

天かす昆布
天かす大さじ4（20g）　塩昆布10g　めんつゆ（3倍濃縮）
小さじ2　青じそ4枚（せん切り）

うめたく
たくあん40g（細切り）　梅干し3〜4個（25g/ちぎる）　小
ねぎ15g（小口切り）　砂糖小さじ½　白いりごま大さじ1

しらすペペロン
しらす干し大さじ2　むき枝豆50g　にんにくチューブ3㎝
分　オリーブ油大さじ1　顆粒コンソメスープの素小さじ
1　黒こしょう適量　赤唐辛子少々（輪切り）

ベーコン卵
ベーコン60g（角切り）　さけるチーズ1本（25g/角切り/ベビ
ーチーズなどでもよい）　塩・こしょう各適量（多めがおすすめ）
卵そぼろ適量（耐熱ボウルに卵1個、顆粒鶏ガラスープの素小さ
じ1/2、砂糖小さじ1、マヨネーズ小さじ2を合わせて混ぜ、600W
の電子レンジで1分10秒加熱し、粗くほぐす）

作り方

1　温かいご飯を4等分にする。おにぎりの具材を
　それぞれ混ぜて3等分にし、ラップでにぎる（の
　りは食べるときに巻く）。

★粗熱が取れたら、保存袋に入れて冷凍保存する（2
〜3週間冷凍保存可能。凍ったまま、600Wの電子レ
ンジで、1個＝2分〜2分30秒、2個＝3〜4分、4個＝5
〜6分加熱。途中裏返すと均等に温まる。お弁当にする
場合は、解凍後ラップを広げて冷まし、再びラップで包
む）。

[麺] レンチン一発でできるパスタや冷凍うどんのメニューに加え、
リクエストの多いそうめんとつけだれのバリエーションもご紹介。

ケチャ ミートソースパスタ

材料 (1人分) 🕐 15 min

スパゲッティ (1.6mm/ゆで時間7分のもの)…100g (半分に折る)
合いびき肉…100g
玉ねぎ…½個 (100g/粗みじん切り)
薄力粉…大さじ1
A | トマトケチャップ…大さじ3
　 | ウスターソース…大さじ½
　 | 砂糖・にんにくチューブ…各小さじ1
　 | 顆粒コンソメスープの素…小さじ½
　 | オリーブ油…小さじ2
　 | 水…200mℓ
塩・こしょう…各少々

作り方

1 耐熱容器 (容量1100mℓ) にスパゲッティを入れ
る。玉ねぎ、ひき肉、薄力粉を加え、麺の上で粉っ
ぽさがなくなるまで混ぜる。A を加えて軽く混ぜ、
600Wの電子レンジで9分加熱する (袋の表示の
ゆで時間+2分。残り時間半分ほどになったら、取
り出して麺をほぐし、再び加熱する)。取り出して
よく混ぜ、塩、こしょうで味を調える。

レモンクリームパスタ

材料 (1人分) 🕐 15 min

スパゲッティ (1.6mm/ゆで時間7分のもの)…100g (半分に折る)
A | 玉ねぎ…¼個 (薄切り)
　 | ブロックベーコン (スライスでもよい)
　 | …40g (細切り)
　 | しめじ…100g (石づきを取って小房に分ける)
　 | 顆粒コンソメスープの素…小さじ1
　 | オリーブ油…小さじ2
　 | 水…150mℓ
　 | 牛乳…100mℓ
B | 粉チーズ…大さじ2
　 | マヨネーズ・レモン汁…各大さじ1
塩・こしょう…各適量

作り方

1 耐熱容器 (容量1100mℓ) にスパゲッティを入
れ、A を加える。600Wの電子レンジで9分加熱
する (袋の表示のゆで時間+2分。残り時間半分
ほどになったら、取り出して麺をほぐしながら混
ぜ、再び加熱する)。B を加えて混ぜ、塩、こしょ
うで味を調える。

トマト缶不要!!
ケチャップで作る
ミートソース風です

さっぱりで濃厚。
後を引くおいしさです♪

台湾風混ぜうどん

材料（1人分）　🕐 **15 min**

冷凍うどん…1玉
A｜豚ひき肉…100g〜
　｜長ねぎ…⅓本（30g〜/斜め薄切り）
　｜砂糖…小さじ1
　｜顆粒鶏ガラスープの素…小さじ½
　｜豆板醤…小さじ½〜
　｜焼き肉のたれ…大さじ1
　｜オイスターソース…大さじ1
にら…½束（3cm長さに切る）
ごま油…小さじ2
削りがつお…小1パック（2g/袋の上から軽くもむ）
卵黄…1個分
食べるラー油・刻みのり…各適量

作り方

1 耐熱ボウルにAを入れて混ぜる。うどん、にらを
　順にのせ、ごま油を回しかける。

2 ふんわりとラップをかけて600Wの電子レンジ
　で8分加熱し、削りがつおを加えて混ぜる。

3 器に盛って卵黄をのせ、好みの量の食べるラー
　油とのりをのせる。

私もハマった、うま辛やみつき系うどんです

焼きうどん風

材料（1人分）　🕐 **15 min**

冷凍うどん…1玉
にんじん…30g（短冊切り）
キャベツ…1枚（約50g/一口大にちぎる）
豚バラ薄切り肉…60g〜
酒…大さじ1
A｜オイスターソース…大さじ1
　｜顆粒鶏ガラスープの素…小さじ½
　｜砂糖…小さじ1
　｜めんつゆ（3倍濃縮）…小さじ1
　｜ごま油…小さじ2
　｜削りがつお…小1パック（2g）
塩・こしょう…各少々

作り方

1 耐熱皿ににんじん、キャベツ、うどん、豚肉を順
　に重ね、酒をふる。

2 ふんわりとラップをかけて600Wの電子レンジ
　で6分加熱する。

3 Aを混ぜて塩、こしょうで味を調える。

レンジに丸投げ！
すぐできて
栄養バランスも◎

ポン酢のおかげで
食欲のないときも
サラッと食べられる

冷製アホ明太の
豆乳そうめん

材料（1人分） ⏱ 10 min

そうめん…100g
明太子（またはたらこ）…40g（ほぐす）
A オリーブ油・ポン酢しょうゆ・マヨネーズ
　　…各大さじ1
　　にんにくチューブ…小さじ1
　　無調整豆乳（牛乳でもよい）…50㎖

作り方

1 そうめんは袋の表示どおりにゆで、冷水で洗って
　水けをよくきる。

2 ボウルに明太子、**A** を入れて混ぜ、1、あれば氷
　2〜3個を加えてよくあえる。

3 器に盛り、好みで小ねぎの小口切り、刻みのり、
　レモンの薄切り、青じそをたっぷりとのせる。

辛うまビビンそうめん

レモンギュッが
追いキムチも
しちゃって
◎。

材料（1人分） ⏱ 10 min

そうめん…100g
A 白菜キムチ…40g〜（粗く刻む）
　　コチュジャン・焼き肉のたれ…各大さじ1
　　酢…大さじ1
　　ごま油…大さじ½
　　砂糖…小さじ2
　　にんにくチューブ…3㎝分
きゅうり…¼本（せん切り）
トマト…½個（くし形切り）
ゆで卵…½個
白菜キムチ…適量
レモン…適量（くし形切り）
小ねぎ（小口切り）・黒こしょう…各適量

作り方

1 そうめんは袋の表示どおりにゆで、冷水で洗って
　水けをよくきる。

2 ボウルに **A** を入れて混ぜ、1、きゅうりを加えて
　あえる。

3 器に盛ってトマト、ゆで卵、キムチ、レモンを添
　え、小ねぎ、黒こしょうをふる。好みで白いりご
　ま、糸唐辛子各適量をトッピングする。

どれも混ぜるだけ。
うどんやご飯に
ぶっかけても

そうめんのつけだれアレンジ5種

※写真右上はめんつゆ（2倍濃縮）に小ねぎ（小口切り）と練りわさびを加えたつけだれです。

冷麺風（写真左上）

<u>材料（1人分）</u> ⏱ **5min**

水150㎖　顆粒鶏ガラスープの素小さじ½　砂糖小さじ1　しょうゆ小さじ2　酢小さじ2　ごま油小さじ1　塩・こしょう各少々〈トッピング〉白菜キムチ20g　きゅうり⅓本（せん切り）　白いりごま適量

冷やし担々麺風（写真左下）

<u>材料（1人分）</u> ⏱ **5min**

無調整豆乳150㎖　白すりごま大さじ1　めんつゆ（2倍濃縮）大さじ1　顆粒鶏ガラスープの素小さじ½　にんにくチューブ少々　ごま油少々　こしょう少々　ラー油好みの量〈トッピング〉小ねぎ（小口切り）・食べるラー油各適量

ツナマヨ昆布（写真中上）

<u>材料（1人分）</u> ⏱ **5min**

水100㎖　ツナ缶½缶（約30g/缶　汁を軽くきる）　めんつゆ（2倍濃縮）大さじ1　マヨネーズ大さじ1　塩昆布一つまみ　顆粒鶏ガラスープの素小さじ½　砂糖小さじ½　レモン汁小さじ1〈トッピング〉小ねぎ（小口切り）・青じそ（せん切り）・こしょう・みょうが（せん切り）各適量

揚げだしだれ（写真中下）

<u>材料（1人分）</u> ⏱ **5min**

水150㎖　めんつゆ（2倍濃縮）大さじ3　天かす大さじ1～　しょうがチューブ3㎝分～〈トッピング〉小ねぎ（小口切り）・七味唐辛子各適量

塩ラーメン風（写真右下）

<u>材料（1人分）</u> ⏱ **5min**

水150㎖　顆粒鶏ガラスープの素小さじ1　ごま油小さじ1　塩・こしょう各少々　にんにくチューブ3㎝分　柚子こしょう適宜〈トッピング〉小ねぎ（小口切り）・白いりごま各適量

<u>作り方</u>

1 つけだれの材料を混ぜ合わせ、トッピングを加える（たれは2～3日冷蔵保存可能）。

2 そうめん（分量外）を袋の表示どおりゆで、冷水で洗って水けをきり、たれをつけて食べる。

ホケミとレンジでお手軽！
思い立ったらすぐ作れる！

オムレットケーキ

🕐 **20 min**

材料（2個分）

A ┃ 卵…1個
　┃ 砂糖…大さじ1
　┃ サラダ油…小さじ2
　┃ 牛乳…100㎖
　┃ ホットケーキミックス…150g
ホイップクリーム…適量
いちごやバナナなど好みのフルーツ
　…適量（食べやすい大きさに切る）

作り方

1 ボウルにAを入れ、泡立て器で混ぜる。

2 耐熱皿（直径21㎝）にクッキングシートを敷き、1の半量を丸く広げる。ラップをかけ、600Wの電子レンジ2分30秒加熱する（表面が乾いた感じになる）。ラップを取り、生地が熱いうちに半分に折って筋をつけ、シートでキャンディ状に包む。これをもう1つ作る。

3 粗熱が取れたらシートから出し、ホイップクリーム、フルーツをたっぷりとはさむ。

オーブン不要！
生地には粉を使わず、
ヘルシー仕上げ

スイートポテトケーキ

🕐 **20 min** ※アクを抜く時間、ケーキを冷やす時間は除く。

材料（15.6cm角、容量700mℓの耐熱容器 1個分）

さつまいも…1本（300g/皮をむいて半月切り）
ビスケット…80g
　（厚手のポリ袋に入れ、めん棒などで細かく砕く）
バター…40g（600Wの電子レンジで50秒ほど
　加熱し、溶かす）
A｜砂糖…大さじ3
　｜バター…10g
　｜バニラエッセンス…20滴程度
牛乳…100mℓ
卵…1個
ホイップクリーム…適量

★ バターはマーガリンで代用可。

作り方

1 さつまいもは水に5分ほどさらしてアクを抜き、耐熱ボウルに入れてひたひたの水を注ぐ。ふんわりとラップをかけ、600Wの電子レンジで9分ほど加熱し、柔らかくする。

2 1を加熱している間に、耐熱容器の底と側面にクッキングシート敷き、砕いたビスケットを入れる。溶かしたバターを加え混ぜ、フォークで押して敷き詰める。

3 1の湯を捨て、いもをフォークでつぶしてAを加え混ぜる。牛乳を少しずつ加え混ぜ、卵を加えて一気に混ぜる。

4 2に3を流し入れ、ラップをかけずに600Wの電子レンジで4分加熱する（半生の状態でOK）。粗熱を取って冷蔵庫でよく冷やす。取り出してシートをはがし、側面を切り落としてホイップクリームをしぼる。切り分けて、好みで砕いたナッツ適量をトッピングする。

混ぜるだけ！
豆腐を使ってヘルシー
&リーズナブルに

豆腐クリームティラミス

電子レンジ

🕐 **20 min** ※冷やす時間は除く。

材料（容量200mlのグラス3〜4個分）

クリームチーズ…200g
A ｜ 絹ごし豆腐…150g
　　｜ 砂糖…大さじ4
　　｜ 牛乳…大さじ1
　　｜ 塩…一つまみ
ビスケット…約100g（小さめの一口大に割る）
B ｜ インスタントコーヒー（粉末）…大さじ1
　　｜ 水または湯…大さじ2
ココアパウダー…適量

作り方

1 耐熱容器にクリームチーズを入れ、600Wの電子レンジで30〜40秒加熱し、柔らかくする。ゴムべらで練り、**A**を加え混ぜる。

2 **B**を混ぜてコーヒー液を作る。

3 それぞれのグラスにビスケットを入れて**2**をかけ、**1**を流し入れる。これをもう一度くり返して層にする。冷蔵庫で冷やし、ココアをふる。

チョコチャンク クッキー

🕐 **10 min**

材料（12個分）

A | 薄力粉…150g
 | バター…40g
 | 砂糖…大さじ2
 | 卵…1個
板チョコ…2枚（100g）

作り方

1. ポリ袋にAをどんどん量り入れる。バターをなじませるようにもみ混ぜ、ひと塊になったら、チョコを小さく割り入れて混ぜる。

2. 12等分にして丸め、平らにつぶす。クッキングシートを2枚用意し、6個ずつ間隔をあけて並べる。600Wの電子レンジで、1シートずつ、それぞれ2分30秒加熱し、取り出して冷ます。

> ザクチョコクッキーが
> なんとレンジで2分半!!
> しかもおいしくてドヤれます

スイートパンプキン

🕐 **20 min** ※冷やす時間は除く。

材料（15.6cm角、容量700mℓの耐熱容器 1個分）

かぼちゃ…大¼個
　（約450g/皮を切り落とし、一口大に切る）
砂糖…大さじ3
バニラエッセンス…少々
A | 牛乳…100mℓ
 | 卵…1個
 | バターまたはマーガリン…20g

作り方

1. 耐熱ボウルにかぼちゃを入れ、ラップをかけて600Wの電子レンジで6分ほど加熱する（竹串を刺してスッと通ればOK）。かぼちゃをフォークなどでつぶし、砂糖とバニラエッセンスを加えてゴムべらで混ぜ、Aも加えて混ぜる。

2. 耐熱容器の底と側面にクッキングシートを敷き、1を流し入れる。600Wの電子レンジで4分30秒加熱する（中央が半熟状でOK）。粗熱を取って冷蔵庫で冷やす。取り出してシートをはがし、切り分ける。

ホイップクリームや
オレオ®なんかを
添えると幸せ

レンジで一発！ 好みの
クッキーにサンドしてもおいしい

ハムエッグ、ツナマヨ、
卵サラダやらを包んで
おかず系にしても

濃厚ズボラ生チョコ

🕐 **15** min ※冷やす時間は除く。

材料（作りやすい分量）

板チョコ…4枚（200g）
生クリーム（乳脂肪分36％のもの）…100㎖
ココアパウダー…適量

作り方

1　チョコを適当な大きさに割り、生クリームととも
に耐熱容器に入れる。600Wの電子レンジで1
分30秒加熱し、よく混ぜてチョコを溶かす。

2　別の耐熱容器にラップを敷いて **1** を流し入れ、
冷蔵庫で一晩冷やし固める。好みの大きさに切
り分けてココアパウダーをまぶす。

memo　　生チョコタルトにアレンジ

容器に入れるところを市販のタルトに流し入れます。フルーツ
や100均のかわいいアラザンなどをトッピングするとレベル
アップ！

もちもちクレープ包み

🕐 **25** min

材料（5〜6個分）

A 　薄力粉…100g
　　片栗粉…大さじ1
　　砂糖…大さじ1
　　塩…少々
牛乳…200㎖
卵…1個
サラダ油…適量
ホイップクリーム…適量
いちご、バナナ、チョコレート、クリームチーズ
　など好みの具材…適量（食べやすい大きさに切る）

作り方

1　ボウルに **A** を入れ（粉はふるわなくてOK）、泡
立て器で混ぜる。牛乳を少しずつ加え混ぜ、卵
を混ぜる。

2　油少々をなじませたフライパンに **1** を玉じゃくし
1杯弱流して広げ、中火で1分ほど焼く。裏返し
て両面に焼き目がついたらOK。同様に全部で
5〜6枚焼き、重ねてラップをかけておく（この
状態でラップに包み、2〜3日冷蔵保存可能）。

3　好みの具材をホイップクリームとともに包む。

材料4つ!! 焼きたては
サクホロとろ〜りで
最高です♪

チョコバナナスコーン

🕐 **25 min** ※オーブンの予熱時間は除く。

材料（6個分）

バナナ…2本（約130g）
A ┃ ホットケーキミックス…200g
　┃ 砂糖…大さじ2
板チョコ…1枚（50g）

作り方

1 オーブンを180℃に予熱する。ポリ袋にバナナを入れて軽くつぶし、Aを加えてもみ混ぜる。

2 まとまったらチョコを小さく割って加え混ぜ、クッキングシートを敷いた天板に出し、6等分にして丸める。

Point
生地は、やわやわのベタベタでOK。合ってます!笑

3 180℃のオーブンで20分焼く。こんがりと焼けたら取り出し、粗熱を取る。

倉嶋里菜（rina）

管理栄養士／料理研究家。京都府在住。1998年生まれ（26歳）。大妻女子大学管理栄養士専攻を首席で卒業後、管理栄養士資格を取得。料理研究家として活躍中。「冷蔵庫にあるもので作る、喜ばれる＆褒められレシピ。そして簡単節約ごはん」をテーマにInstagram、ブログで日々レシピを更新している。著書に「管理栄養士rinaのもりもり食べても太らないおかず」（KADOKAWA）、「レンチン！ ごほうびひとりごはん」（学研プラス）がある。

  Instagram
@rina_kitchen

ズルいほど簡単
ほめられおかず

2024年6月30日　第1刷発行
2024年9月9日　第2刷発行

著者　　　倉嶋里菜
発行人　　松井謙介
編集人　　廣瀬有二
企画編集　柏倉友弥
発行所　　株式会社 ワン・パブリッシング
　　　　　〒105-0003 東京都港区西新橋2-23-1
印刷所　　大日本印刷株式会社
DTP　　　株式会社グレン

STAFF

デザイン	中村圭介、藤田佳奈（ナカムラグラフ）
撮影	佐々木美果、倉嶋里菜
スタイリング	倉嶋里菜
編集	鹿野育子
ライティング協力	海老原牧子
校正	麦秋アートセンター

●この本に関する各種お問い合わせ先
本の内容については、下記サイトのお問い合わせフォームよりお願いします。
https://one-publishing.co.jp/contact/
不良品（落丁、乱丁）については業務センター tel：0570-092555
　〒354-0045 埼玉県入間郡三芳町上富279-1
在庫・注文については書店専用受注センター tel：0570-000346